精品汽车教材

Diankong Chaiyouji Jiegou yu Yuanli

电控柴油机结构与原理

黄靖雄 赖瑞海 编著

人民交通出版社
China Communications Press

内 容 提 要

本书主要介绍各种电脑控制柴油喷射系统，其次是废气排放污染与控制。内容数据新颖、充实，图片精美，在条理分明的叙述中，让读者对现代柴油发动机的最新知识与技术，能有完整的认识与了解，为目前市场上最新的介绍柴油机方面的书籍。适合大学本科、职业技术学院车辆工程专业的学生或业界从业人员参考使用。

图书在版编目（CIP）数据

电控柴油机结构与原理/黄靖雄，赖瑞海编著. — 北京：人民交通出版社，2007.12

精品汽车教材

ISBN 978-7-114-06369-5

Ⅰ.电… Ⅱ.①黄… ②赖… Ⅲ.汽车－电子控制－柴油机－构造－教材 Ⅳ.U464.172.03

中国版本图书馆CIP数据核字(2006)第163072号

著作权合同登记号　图字：01-2006-5565号

精品汽车教材

书　　名：电控柴油机结构与原理
著 作 者：黄靖雄　赖瑞海
责任编辑：谢　元
出版发行：人民交通出版社股份有限公司
地　　址：（100011）北京市朝阳区安定门外外馆斜街3号
网　　址：http://www.ccpress.com.cn
销售电话：（010）59757973
总 经 销：人民交通出版社股份有限公司发行部
经　　销：各地新华书店
印　　刷：北京市密东印刷有限公司
开　　本：787×1092　1/16
印　　张：10.25
字　　数：263千
版　　次：2008年1月　第1版
印　　次：2017年8月　第5次印刷
书　　号：ISBN 978-7-114- 06369-5
印　　数：10001-11000册
定　　价：19.00元
（有印刷、装订质量问题的图书由本社负责调换）

编者序

一、本书取名为《现代柴油发动机新科技装置》（译者注：该书的简体版书名为《电控柴油机结构与原理》），内容主要为各种电脑控制的柴油喷射系统，其次是排放污染与控制。以往的机械式柴油喷射装置，因无法同步达到高性能、低油耗、低污染、低噪声、低振动等要求，从 20 世纪 90 年代开始，已逐渐被市场所淘汰。今天，几乎所有大型和小型（紧凑型）柴油发动机都是采用电脑控制，因此，认识现代柴油发动机各种电控装置，为今后必然之趋势。

二、2004 年台湾地区车坛最热门的话题之一，就是开放柴油小客车的生产与进口，引发各界热烈的讨论。事实上，许多人对柴油车的印象并不好，如功率低、排黑烟、噪声高及振动大等，可是，当读者看完本书后，相信对柴油发动机的印象会完全改观。以小客车为例，长期以来台湾地区是禁止生产及进口的，而且日本及美国地区也忽视它，但欧洲地区许多国家的新车销售量中，柴油车所占的比例均超过 50％，甚至高达 70％。欧洲地区以拥有各种高性能汽油发动机闻名于世，并有严格的废气排放限制标准，为什么柴油车会如此受欢迎，读者可在第 1 章中找到答案。

三、同时在第 1 章中，介绍什么是生物柴油？什么是 PM？PM 包含哪些成分？PM 与积炭（Soot）有何关系？以及美国地区各种最新的柴油发动机排放后处理设备，Isuzu 柴油发动机的 NVH 控制技术，Isuzu 柴油发动机的排放污染最新控制技术，Bosch 废气处理装置，Scania 降低柴油发动机废气污染的控制技术等，全新的一手数据，提供与读者分享。

四、第 2 章的电脑控制系统，从各传感器的信号输入，微处理器的计算处理，到输出控制各执行器，均有详细的说明。尤其是在电脑的构造与作用中，将对占空比、频率、振幅、PWM 等做一系列的介绍，让大家了解 ECU 是利用什么方式在控制执行器的；同时将存储器做更有系统的分类，并介绍存储器芯片如EPROM及EEPROM等，并说明如何更新电脑内的数据。

五、大家都知道目前最普遍的柴油喷射系统非共轨式莫属，小至轿车，大至轮船的柴油发动机都在采用。它到底有什么特点？构造与作用为何？而谈到共轨式，我们知道其共轨内柴油压力高达 135MPa(1350 bar)以上，但其实共轨内的柴油压力是有低、高压之分的，低压共轨内的柴油压力只有$(2\sim4)\times10^5$Pa(2～4 bar)，是如何转换成高压的？同时，Bosch的共轨式柴油喷射系统已发展到第四代了，柴油喷射压力可高达 200MPa(2000 bar)以上，从第一代到第四代间，到底有何差别？另外德国Bosch、Siemens与日本Denso

彼此间的共轨式喷射系统有何异同？以上精彩的内容，分别在第 3、4、5 章中会有详尽的说明。

六、很多汽车厂采用共轨式喷射系统的同时，仍有车厂如 VW，坚持在柴油发动机上采用整体式喷油器式喷射系统，其实，在未电脑化前，整体式喷油器式早已被柴油发动机广泛采用，第 6 章中分别介绍各车厂的电脑控制整体式喷油器式系统，读者可比较与共轨式系统有何区别。

七、事实上，电脑化的柴油喷射系统，不是只有共轨式与整体式喷油器式而已，如何改良现有的直列式与分配式喷射泵系统，也是重点；同时，柴油发动机本体各系统的设计革新，使与喷射系统能完美搭配，也是重点研发目标，第 7 章中会分门别类说明。

八、继《现代汽车新科技装置》改版后，编者就在很短时间内完成本书，书中数据的新颖、充实与绝佳的绘图、编辑、排版，让读者在条理分明的叙述中，对现代柴油发动机的最新知识与技术，能有完整的认识及了解，希望能提升柴油车维修行业的技能水平，是我们衷心期盼的。

九、本书适用高职院校汽车专业教学使用，职业训练中心汽车修护职类专业课程用，汽车从业人员进修用，以及大学本科车辆工程科系的参考书籍。

十、本书付梓前经多次校对，若仍有疏忽误植之处，尚祈专家学者不吝指正，谢谢！

目录

CONTENTS

CHAPTER 1

Modern of Diesel Engine Device

现代柴油发动机的发展与废气排放限制

1.1 现代柴油发动机的发展与废气排放限制

1.1.1 概 述

一、柴油发动机是不是太落伍了

1.说到柴油发动机，很多人马上会联想到笨重、嘈杂、排黑烟，将柴油车看成是“大乌贼”。在汽车工业的发展历史上，柴油几乎就是“肮脏”的代名词。看看今天台湾的公路上，不乏排放浓厚黑烟的各型柴油车在路上奔驰，也难怪很多人对柴油发动机存有不良印象，甚至敌视它。

2.早在1980年时，台湾地区为了管制柴油的使用，曾明令禁止生产或进口3000 mL以下柴油车，后来虽又开放，但不久后又禁止。我们比较有印象的柴油小汽车，如装用SD22柴油发动机的裕隆胜利小客车与好马小货车，中华得利卡2500 mL厢型车，以及2200 mL福特载卡多等。这些柴油发动机的优势，仅限于油价较低、较省油而已，其他各方面的性能，尚难与同排气量的汽油发动机匹敌，尤其在汽油发动机全面电脑控制后，彼此间的性能差距更大。

3.不过，就在美、日倾全力改良汽油发动机，发展汽油直喷式发动机、Hybrid（混合动力）汽车及寻找各种替代能源时，欧洲各大汽车制造厂，如VW、Audi、BMW、Mercedes-Benz、Jaguar 等，则一直在研发改良柴油发动机技术。如今，不但是一般车型，在其高级车种上，都已普遍采用柴油发动机为动力。1991年时，西欧地区柴油小汽车约占汽车总销售量的14%，到了2001年时，销售量已增加到27%。

4.所以，对现今的柴油发动机，我们一定要改变以前的刻板印象，彻底修正原有的观念。2004年起，台湾地区开始开放柴油小汽车进口及生产，相信以现代柴油发动机所具备的多项优势，柴油发动机的竞争力是绝对不容忽视的。以福特汽车为例，2005年初进口Mondeo 2.0 TDCi柴油小轿车，接着台湾地区准备将此车款本地化。

5.事实上，柴油发动机的应用非常广泛，原因之一为其小至数千瓦，大至数百千瓦匹马力动力输出的可变化性，从小客车、大客车、载货车、拖车、建设机械，以及割草机、快艇、轮船、发电用发动机等均可适用，没有其他的内燃机能有如此宽广范围的使用，足以证明柴油发动机对人类生活的重要性。

二、柴油发动机的优点

1.在以往，柴、汽油发动机的优缺点的比较，如表1.1所示。

表 1.1 柴、汽油发动机的优缺点比较(www.isuzu.co.jp)

	项目	柴油发动机	汽油发动机
尾气	NO_x		较少
	PM		较少
	CO_2(与燃料消耗有关)	较少	
性能	噪声		较小
	发动机功率		较大
	发动机转矩	较大	
	耐久性	较佳	

2.而现代柴油发动机，由于各项先进技术的应用，以及各国严格废气排放的结果，其优点为：

⑴**大功率**：搭配中间冷却器(Intercooler)的涡轮增压器使用。

⑵**低转速高转矩**：加速性能优异。

⑶**高热效率**：达35%～42%，而汽油发动机热效率为25%～30%。

⑷**低油耗**：比汽油发动机低20%～40%。

⑸**低CO_2排放量**。

⑹**低NO_x排放量**。

⑺**低PM排放量**。

⑻**耐久性佳**：发动机寿命可达30万～100万 km，甚至更高，而汽油发动机为10万～30万km或更高。如果依在柴油发动机科技上居于领先地位的VW说法，其柴油发动机寿命可达85万km，汽油发动机则为40万～45万km。

⑼**维护成本低**：VW称其柴油发动机的维护周期为50,000km，而汽油发动机平均约为7,000km。至于在维修成本上，常用汽油发动机的点火系统零件多，如分电盘、点火线圈、高压线、火花塞等，容易出现故障，因此维修成本高。事实上，现在许多汽油发动机已改为直接点火，无分电盘，无高压线，点火系统的故障率已非常低，已不宜再拿此项作为比较之依据了。

三、柴油的提炼、特性与含硫量

1.柴油的提炼

⑴石油中所含的碳氢化合物，碳原子都是连接在一起，形成长短不同的“碳链”，然后氢原子再依附在碳原子上。碳链长度的不同，各种碳氢化合物就会有不同的状态或化学性质表现，例如，气态、液态或固态等；举例来说，最短的碳链就是一个碳原子，然后氢原子依附其上，甲烷(Methane，CH_4)即是。

⑵表1.2所示为石油提炼过程中产生的各种物质。

表 1.2　石油提炼过程中产生的各种物质

碳链长度	状态	产物名称	化学式
C1~C4	气态	甲烷 乙烷 丙烷 丁烷	C_1H_4 C_2H_6 C_3H_8 C_4H_{10}
C5~C6	液态	挥发油(溶剂)	C_5H_{12} C_6H_{14}
C7~C11	液态	汽油	C_7H_{16}~$C_{11}H_{24}$
C12~C15	液态	煤油	
C14	液态	柴油	$C_{14}H_{30}$ (也有以$C_{16}H_{34}$代表柴油)
C16~C17	液态	重油	
C18~C19	液态	润滑油 (发动机机油 齿轮油 半固体油脂)	
C20 以上	固态	石蜡 焦油 沥青	

2.柴油的特性

⑴比较不同的能源种类时，有一个很重要的特性，叫做能量密度(Energy Density)，亦即单位体积的能源中含有多少能量，因此能量密度越高的能源，产生的热效率越高。**汽、柴油的能量密度分别约为 3490 万 J/L 与 4000 万 J/L，可以看出柴油的能量密度比汽油高。**

⑵而且在提炼原油时，柴油所需的精炼过程较短，因此价格通常比汽油便宜。

⑶再配合柴油发动机高压缩比(14∶1~25∶1)的设计，使燃烧效率高，作功行程时力量大，故低转速时输出转矩大。不过高压缩比设计下，发动机结构必须更坚固，故制造成本较高，加上排污控制装置的成本比汽油发动机高，因此相对售价也较高。

3.柴油的含硫量

⑴低硫柴油，一直是世界各国努力的目标。硫氧化合物(SO_x)可转化为硫酸，且硫氧化合物占柴油发动机排放 PM 总量的 10%，因此降低柴油中的含硫量，不但能减少酸雨的危害，并可降低PM的排放，以符合世界各国严格的废气排放限制标准。

⑵欧洲 2005 年 Euro 4 的废气排放标准，柴油含硫量必须低于百万分之五十，比原有标准百万分之三百五十降低很多。

⑶而台湾地区原本预计 2007 年，柴油中含硫量才要从百万分之三百五十降到百万分之五十，但因为 2004 年 1 月 1 日起开放柴油小汽车进口，及再降低柴油汽车的排气污染，因此台湾地区的石油公司提早从 **2004** 年 **6** 月 **1** 日起，生产供应百万分之五十低硫超级柴油。

1.1.2 柴油小客车在欧洲地区的发展

一、概述

1.相比较于日本与北美地区，对柴油发动机应用在小客车的认同感低，在欧洲地区，柴油发动机则是广泛地受到欢迎，以致于各汽车制造厂全力发展柴油发动机，扩充他们的车型阵容，以迎合消费者的需求。

2.在以下的介绍中，说明目前欧洲地区柴油发动机小客车市场的发展，尤其是德国的状况，并介绍Isuzu柴油发动机在市场中所占有的角色。

二、这真的是一部柴油发动机吗

1. “V8，4.0L，中间冷却器式涡轮增压器，输出182 kW”，这一段描述，相信对发动机规格有所了解的人，都会认为这是一部高性能的汽油发动机；同时，当你看到“3L汽车(3-Liter Car)”或“4L汽车(4-Liter Car)”的称呼，你可能会想象这是一部豪华小轿车。事实上，你都错了，以上引号中所描述的，都是目前欧洲地区最流行的采用柴油发动机小客车的规格。

2.第一个规格描述，是德国汽车制造公司Mercedes-Benz、BMW与Audi等，最近在市场上发表，用于豪华小客车柴油发动机的规格，其各方面的性能与低油耗，已获得普遍的赞誉，与同等级汽油发动机比较，甚至有过之而无不及。第二个描述的“3L”与“4L”，是欧洲地区用来计测燃油消耗的方法，**“3L”意即“3L/100 km”，也就是此部发动机3L柴油可行驶100km的意思**，平均油耗为33.33 km/L；而“4L”意即“4L/100 km”，平均油耗为25 km/L，目前能达到此种油耗标准的德国汽车制造公司为VW与Opel。

三、柴油小客车在欧洲地区的发展与排放限制

1.依据德国权威汽车杂志《Auto Motor Und Sport》2003年的统计，柴油小客车在德国的市场占有率达44.9%。2003年1～4月，欧洲地区柴油小客车的销售比例提升42.3%，其中奥地利的新车销售量中，柴油车比例高达72.2%，法国也有67.3%；而对于精于柴油发动机技术的VW，2003年的新车销售量中，柴油车型占51%，等于是每两部VW制造出厂的汽车中，就有一部是TDI柴油车款。可以预见，柴油小客车将成为欧洲地区新车销售的主流，而且占有率会越来越高，将成为替代能源出现之前的最佳能源选择之一。

2.PM与NO_x排放限制的发展

(1)如图1.1与图1.2所示，为从1993年(Euro 1)起至2011年(Euro 6)，欧洲柴油发动机在微粒物(Particulate Matter，PM，又称粒状污染物)与氮氧化物(Nitrogen Oxides，NO_x)的限制进展。由图1.1中可看出，PM的限制在1996年(Euro 2)严

格了许多，到2005年(Euro 4)更加严格，而到2011年(Euro 6)时，PM的允许排放量几乎已经是零了。

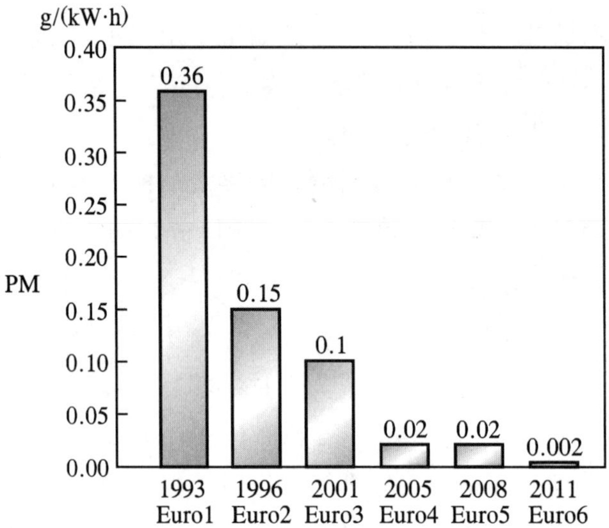

图 1.1　欧洲柴油发动机 PM 限制进展(Scania)

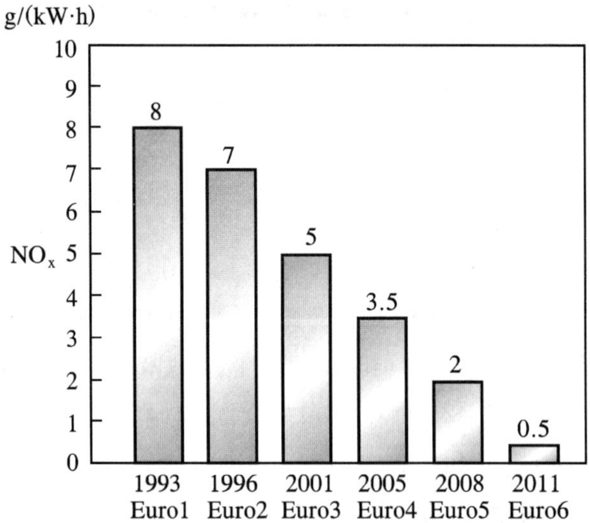

图 1.2　欧洲柴油发动机NO_x限制进展(Scania)

⑵NO_x的限制看起来是渐进式的，但 2005 年(Euro 4)的排放量限制只有 1996 年(Euro 2)的一半。因此欧洲各汽车制造厂无不全力研发改进，以期符合Euro渐进严格的限制标准。台湾地区产的柴油车必须符合 **Euro 4** 的排放标准。

3.平均燃油消耗(Average Fuel Consumption)

⑴图 1.3 所示为新的平均燃油消耗限制建议，亦即CO_2限制，目标是希望减少车辆的CO_2排放，也包括工厂排放部分。此项平均燃油消耗限制，希望各汽车厂制造的

所有车辆，到2008年时，CO_2排放量为140 g/km或更低，相当于油耗为5.4L/100 km。

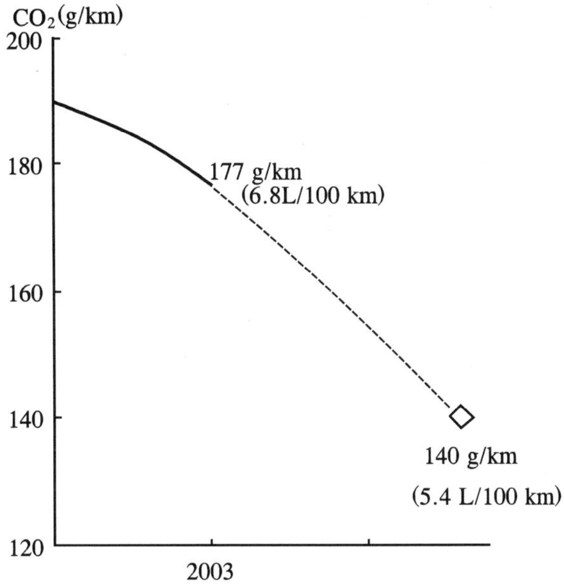

图 1.3 平均燃油消耗限制值(www.isuzu.co.jp)

⑵更具体的说法，即汽车制造厂若持续销售高油耗车型，就必须卖出大量低油耗车种，以保证所有销售车辆的平均燃油消耗值在限制以内。因此，低油耗的柴油车款，当然列为各汽车厂的首选。

四、为什么装用柴油发动机的小客车逐渐增多

1.在德国与日本，柴、汽油的价格约为0.6：1~0.7：1，台湾地区约为0.75：1。在欧洲，长途驾驶非常普遍，有些人一天开车可达 1000 km 或更多，每年行车里程80,000km或更多，而柴油发动机的燃油经济性及耐久性，就是他们选用的主要理由。

注：各国柴、汽油的价格一直在改变，以德国为例，2004年底的柴、汽油价格为0.83：1。

2.另外，德国人普遍具有较高的环保意识，柴油发动机的低油耗，相对减低CO_2的排放，可延缓全球暖化现象，也是他们选择柴油发动机的理由。

3.总而言之，柴油发动机车辆在欧洲市场能够蓬勃发展，可归纳为 4 个主要原因，分别是柴油的补贴政策、先进的喷射系统技术、欧洲地区严格的废气排放规定及人们高度的环保意识。

五、具代表性装用柴油发动机小客车的规格

1.豪华型(Luxury Class)

如表1.3所示，由Mercedes-Benz、BMW及Audi在豪华车上装用的3.4~4.0L

V8 柴油发动机，全部都是 DI 发动机，采用共轨喷射。低转速就会有高转矩，这方面柴油机超过汽油发动机非常多；而安静性及高速行驶性能，也不比汽油发动机差。欧洲地区功率的单位习惯采用kW，而台湾地区则习惯采用hp与ps，因此均已经过换算，1 kW = 1.34 hp = 1.36 ps，1 hp = 1.014 ps，及1 kg·m = 9.8 N·m。

表 1.3　欧洲豪华型柴油小客车规格(www.isuzu.co.jp)

厂牌与型号	Mercedes-Benz S400CDI	BMW 740d	Audi A8 3.3 TDI
发动机配置	V8	V8	V8
气门数	32	32	32
排气量(L)	3.996	3.901	3.328
最大功率 kW/(r/min)	184/4000	180/4000	165/4000
最大转矩 N·m/(r/min)	560/1700~2600	560/1750~2500	480/1800~3000
柴油喷射系统	电脑控制，DI，共轨喷射	电脑控制，DI，共轨喷射	电脑控制，DI，共轨喷射
发动机制造商	Mercedes-Benz	BMW	Audi

2.中型(Midrange Class)

⑴如表 1.4 所示，制造厂包括 Mercedes-Benz、BMW、Audi、VW 等，在中速型车上装用2.5~3.3L柴油发动机，有L6与V6两种配置。VW使用与Audi相同的发动机，Opel是装用BMW的L6发动机，Isuzu所制造的V6 6DE1发动机则装用在Saab 9-5上，于2001年10月上市。其中除了Audi的V6 DI发动机采用分配式泵(Distribution Pump Type)外，其他的全部都是DI发动机，采用共轨喷射。

表 1.4　欧洲中型柴油小客车规格(www.isuzu.co.jp)

厂牌与型号	Mercedes-Benz E320 CDI	BMW 530d	BMW 525d
发动机配置	L6	L6	L6
气门数	24	24	24
排气量(L)	3.224	2.926	2.497
最大功率 kW/(r/min)	145/4200	135/4000	120/4000
最大转矩 N·m/(r/min)	470/1800~2600	390/1750	360/2000
柴油喷射系统	电脑控制，DI，共管轨射	电脑控制，DI，共轨喷射	电脑控制，DI，共轨喷射
发动机制造商	Mercedes-Benz	BMW	BMW
厂牌与型号	Audi A6 2.5 TDI	Opel Omega 2.5 DTI	Saab 9-5 3.0 V6 Tid
发动机配置	V6	L6	V6
气门数	24	24	24
排气量(L)	2.497	2.497	2.958
最大功率 kW/(r/min)	132/4000	110/4000	130/4000
最大转矩 N·m/(r/min)	370/1500~2500	300/1750	350/1800~3000
柴油喷射系统	电脑控制，DI，分油盘式喷射泵	电脑控制，DI，共轨喷射	电脑控制，DI，共轨喷射
发动机制造商	Audi	BMW	Isuzu

⑵ 2004 年 Mercedes-Benz 第二代 E320 CDI，最大功率达 150kW，最大转矩

500 N·m/1800 (r/min)，采用中间冷却式涡轮增压器，燃油消耗率为 6.9L/100 km，平均 14.5 km/L，以 3.3L 的排气量而言，实在是非常省油。

⑶再以 2004 年BMW新 5 系列的柴、汽油发动机做比较，如表 1.5 所示。虽然柴油发动机的最大功率值略低，但柴油发动机的最大转矩要高出 200N·m，等于是将汽油发动机的最大转矩值再提高 67%。注意新 5 系列 530d 的性能，比表 1.4 中所示 530d 的性能提高相当多。

表 1.5 2004 年 BMW 新 5 系列柴、汽油发动机规格比较(汽车购买指南)

	最大功率 kW/(r/min)	最大转矩 N·m/(r/min)	平均油耗(km/L)
BMW 530d	160/4000	500/2000	14.5
BMW 530i	170/5900	300/3500	10.5

3.小型（紧凑型）(Compact Class)

⑴如表 1.6 所示，VW 的 1.9 TDI 柴油发动机，是经过长达 15 年以上的研究改进，才取得了今天的成绩。该公司以“TDI”为其柴油发动机的品牌标志行销，排气量为 1.2～2.4L，缸数为 3～5 缸。

表 1.6 欧洲小型（紧凑型）柴油小客车规格(www.isuzu.co.jp)

厂牌与型号	VW Passat TDI	VW Golf TDI	Opel Astra EC04	VW Lupo 3L TDI
发动机配置	L4	L4	L4	L3
气门数	8	8	16	6
排气量(L)	1.896	1.896	1.686	1.191
最大功率 kW/(r/min)	85/4000	80/4150 66/3750	55/4400	45/4000
最大转矩 N·m/(r/min)	285/1900	235/1900 210/1900	165/1800～3000	140/1800～2400
柴油喷射系统	电脑控制，DI，单体喷油器式	电脑控制，DI，喷射泵式	电脑控制，DI，喷射泵式	电脑控制，DI，单体喷油器式
发动机制造商	VW	VW	Isuzu	VW

⑵Isuzu 的 1.7L 4EE2 柴油发动机，是装用在 Opel Astra 与 Corsa 车型上的，而 Opel、VW 及 Audi，是目前仅有开发出“3L”与“4L”汽车的公司。2002 年 3 月在欧洲市场发表的本田 Civic，也是采用 Isuzu 的 4EE2 柴油发动机。

1.1.3 柴油汽车在美国的发展与限制

一、柴油汽车在美国的市场

1.目前在美国，对经济活动具有重大贡献的重型载货汽车(Heavy-Duty Trucks)、挂车(Trailer-Trucks)、大客车等，大多数都是采用柴油发动机，60%的学校校车也是采用柴油发动机；而相对只有非常小比例的小客车或轻型载货汽车(Light-Duty Trucks)使用柴油发动机。原因之一为美国的民众依然不知道柴油发动机科技的进步，仍认为柴油发动机是肮脏、嘈杂又振动大，以致于柴油小汽车的使用比例低；

再加上柴油价格比汽油贵，使车主购买柴油车的意愿更低。在欧洲、日本及包括台湾的其他地区，柴油价格比汽油低，是促使车主愿意购买柴油汽车的一个很重要的因素。

2.表1.7所示为美国地区以汽油与柴油为动力车辆的能源消耗(Energy Consumption)值，及柴油动力车辆所占的百分比。表中在小客车部分，以柴油为动力的仅占1%；而轻型载货汽车中，以柴油为动力的也仅占4%；中型及重型载货汽车中，则有85%以柴油为动力。值得注意的是，在1997年初时，每加仑柴油的平均价格为1.45美元，很明显地比汽油贵，既然柴油比汽油贵，为什么还有那么多的中、大型载货汽车采用柴油发动机？**答案是高燃油经济性与低维修成本的缘故**。在长途运输高里程下，不但抵消了柴油成本较高的不利因素，甚至使用柴油还较有利。

表1.7 柴油动力车辆所占总能源消耗的比例(www.isuzu.co.jp)

车辆种类	汽油(兆BTU)	柴油(兆BTU)	柴油所占比例
总计	15228	3950	21%
小客车	8617	126	1%
摩托车	25	0	0
客车	32	147	80%
短途客车	5	78	89%
长途客车	0	24	100%
校车	27	45	62%
载货汽车	6554	3677	36%
轻型载货汽车	5949	226	4%
其他中型与重型载货汽车	605	3451	85%

3.表1.8所示为美国运输部(US DOT)根据车辆总重（车辆总质量）(Gross Vehicle Weight，GVW)所做的等级(Class)划分与分类。表中VIUS = Vehicle Inventory and Use Survey。

表1.8 美国地区载货汽车(Trucks)的分类(www.isuzu.co.jp)

车辆净重(t)	重量等级	VIUS分类	代表性车辆		
15或更高	Class 8	重重(Heavy-Heavy)	 自卸车	 水泥车	 牵引车
12~15	Class 7	重重(Heavy-Heavy)	 油罐车	 回收车	 载货汽车
9~12	Class 6	轻重(Light-Heavy)	 搬运车	 饮料车	 单轴厢型车
7.5~9 6.5~7.5 4.5~6.5	Class 5 Class 4 Class 3	中型(Medium-Duty)	 短头厢型车	 平头厢型车	 中型载货汽车
2.8~4.5 2.8或以下	Class 2 Class 1	轻型(Light-Duty)	 低厢小货车	 客货两用车	 迷你厢型车

4.美国联邦政府建立了一套燃油消耗标准，称为 Corporate Average Fuel Economy(CAFE)，规定车辆总重（车辆总质量）率(Gross Vehicle Weight Rating，GVWR)低于或等于 3856 kg(8500 lbs)的小客车或轻型载货汽车的最低燃油消耗标准。目前 CAFE 要求小客车达到 11.6 km/L(27.5 mpg)，及轻型载货汽车达到 8.7 km/L(20.7 mpg)的油耗标准，到 2005 年时，此项标准还会更严格。美国的立法机关也已经开始在研究燃油消耗标准，甚至部分立法人员建议，不管任何燃料车辆，一律适用单一标准 14.8 km/L(35 mpg)，要达到此一标准，柴油发动机将是汽车制造厂的首选。

二、未来美国柴油汽车的废气排放限制

1.轻型车辆更严格的废气排放限制

⑴针对 GVWR4t(8500 lbs)或以下的小客车与轻型载货汽车，美国环境保护署(Environmental Protection Agency，EPA)采用 Tier 2 排气标准，适用 2004~2007 年车型，如表 1.9 所示。表中 NMOG 为 Non-Methane Organic Gas，非甲烷有机气体之意。

表 1.9 Tier 2 排气标准适用 2004~2007 年车型(www.isuzu.co.jp)

	50,000 miles	120,000 miles
NO_x	0.05~0.6 g/mile	0.00~0.9 g/mile
PM	—	0.00~0.12 g/mile
NMOG	0.075~0.195 g/mile	0.00~0.280 g/mile

⑵接下来的 Tier 2 废气排放标准，不分净重或使用何种燃料，2008 年起，除了所有小客车、轻型载货汽车外，部分载客 12 人或以下的中型客车(Medium-Size Passenger Cars)也适用；到了 2009 年时，则包括所有中型客车全部适用 Tier 2 排气标准。

2.重型车辆更严格的废气排放限制

⑴ GVWR 大于 4t(8500 lbs)重型车辆的废气排放标准，如表 1.10 所示。2004~2006 年的 NO_x 与 NMHC(Non-Methane Hydrocarbons，非甲烷碳氢化合物)值，比 1998~2003 年的值降低约一半。许多车厂为了 NO_x 的严格排放标准，采用 EGR 系统，但同时必须加装柴油颗粒过滤器(Diesel Particulate Filters，DPF)，以过滤因使用 EGR 而造成大量产生的 PM。

表 1.10 Tier 2 排放标准适用重型车辆(www.isuzu.co.jp)

	MY 1998~2003	MY 2004~2006	MY 2007 及以后
NO_x(g/kw·h)	5.44	3.4	0.27
PM(g/kw·h)	0.136	0.1	0.01
NMHC(g/kw·h)	1.768	(0.68)	0.19

注：MY 为 Model Year 的缩写,意为车型年。

⑵ 2007 年起的排放标准更严格，根据发动机的销售数量，到 2010 年时，各汽车制造厂所有销售的发动机，百分之百都均必须符合 2007 年起的排放标准，如表 1.11 所示。

表 1.11　2007 年起必须符合排放标准的要求(www.isuzu.co.jp)

车型年	要求符合排放标准的发动机销售量
2007	所有 2007 年销售量的 50%
2008	所有 2008 年销售量的 50%
2009	所有 2009 年销售量的 50%
2010 及以后	所有 2010 年及之后销售量的 100%

三、柴油的含硫量

1.为了配合重型柴油车辆从 2007 年起的排放标准，美国的 EPA 已经定下目标，准备将柴油的含硫量降低 97%，也就是从百万分之五百降低至百万分之十五，于 2006 年 9 月 1 日起开始在全美各加油站销售。

2.当柴油的含硫量降至百万分之十五时，另一个值得注意的问题，是机油中硫及各种添加剂(Additives)的含量，有可能影响后处理设备(After-Treatment Equipment)的效果；另外，添加剂产生的灰烬(Ash)，也有可能造成微粒过滤器堵塞，使维修成本增加。

四、生物柴油

1.最近在美国及其他各国，**使用植物油(大豆油、玉米油、蔬菜油等)与动物油的所谓生物柴油(Biodiesel)，又称生化柴油、生态燃油等，以代替柴油，并可有效降低 HC 与 PM 的产生**。

2.事实上，生物柴油的制造过程并不复杂，将植物油经转酯作用(Transesterification)程序，355.24L 的大豆，可制造 5.678L 的燃油，其产生的能量为 132,902 BTUs / gal(柴油为 144,458 BTUs / gal)。添加或使用生物柴油，除最大转矩降低外，油耗及功率与用石油炼制的柴油相当。

3.生物柴油燃料已是替代性燃料(Alternative Fuel)的选择之一。美国材料试验协会(American Society for Testing Materials，ASTM)在 2003 年 3 月所发表的 ASTM D6751，就是生物柴油燃料的标准。

4.目前在美国，超过 100 个城市，近 1000 辆公共汽车，已在进行数百万公里的行驶试验，以证明生物柴油的适用性；法国则是世界上制造最多生物柴油的国家，以 50% 的比例与柴油混合，作为车辆的燃料；德国则已经有超过 1500 个加油站销售生物柴油。采用此种燃料的前提，是农产品生产丰富且成本低的国家。

5.台湾则是从 2005 年起，由环保主管部门补助推动各县市垃圾车，以废食用油为原料所炼制的生物柴油为燃料，取代目前使用的石化柴油。

6.各大汽车制造厂尚未能充分证明，使用生物柴油对燃料系统各零件长久性的影响到底如何，同时其长时间储存也有氧化作用现象，这些都是必须研究的问题。

五、废气后处理设备

1.美国能源部(Department of Energy，DOE)，对利用尿素(Urea)，以减少NO_x与PM的选择催化还原(Selective Catalytic Reduction，SCR)装置，表示极大的关注。事实上，此种装置在工厂用于固定式柴油发动机上，已经使用超过 20 年了。如表1.12所示，为柴油发动机排气系统的各种燃烧后处理装置(Post-Combustion Treatment Devices)。

表 1.12　各种燃烧后处理设备(www.isuzu.co.jp)

废气控制装置	希望减低NO_x值	希望减低 PM 值	目前的可行性
NO_x吸收式催化剂 (NO_x Absorber Catalyst)	80%或更多	30%	预计 2007 年采用
DPF (Diesel Particulate Filter)		80%~90%	加州已采用
氧化催化剂 (Oxidation Catalyst)		20%~30%	部分车辆已采用
尿素－SCR 催化剂 (Urea-SCR Catalyst)	80%或更多	30%	预计在 2005~2007 年间开始采用
等离子体废气处理 (Plasma Exhaust Treatment)	85%或更多	30%	研究中

2.若 SCR 装置普遍使用，则对尿素的需求量就会从 2007 年的 100000t，预计增加到 2010 年的 730000t。

1.1.4　柴油发动机更安静更平稳运转的控制技术

一、概述

1.柴油发动机汽缸内的燃烧压力会剧烈上升，且与汽油发动机比较，其最大燃烧压力高出非常多。因此柴油发动机比汽油发动机会产生更大的噪声、振动与粗糙(Noise，Vibration，Harshness，NVH)，是使用者最常抱怨的部分。

2.Isuzu 采用下列最新技术，以将柴油发动机的 NVH 降至最低。

更安静更平稳运转的控制技术
- 利用引导喷射
- 提高发动机结构刚性
- 其他技术

二、利用引导喷射(Pilot Injection)以降低燃烧压力

燃烧压力的瞬间上升，是形成噪声的主要因素，通过采用共轨高压喷射系统与

电脑控制，可精确控制喷射正时与喷油量。**利用引导喷射，在主喷射前先喷入少量柴油着火，就可在燃烧过程中，控制压力平稳上升，以降低NVH。**

三、提高发动机结构的刚度(Rigidity)

1.由于柴油发动机最大燃烧压力高，且柴油燃烧时压力上升非常迅速，造成噪声与振动；同时柴油发动机的零件，如活塞，为了承受高压及压力变化，系以实心制成，这些额外增加的重量，会使惯性(Inertia)及振动幅度增加。为了解决这些问题，通过改进发动机的结构，可以吸收及减少所有运转状态下的振动。

2.同时，由活塞经连杆、曲轴至发动机体所造成的振动，可由刚度更大，梯形车架(Ladder Frame)式结构的曲轴轴承盖来降低振动。

四、其他技术

1.采用平衡轴，使直列四缸发动机运转更稳定。

2.利用齿隙小的剪式齿轮(Scissors Gears)，以降低传动噪声。

3.利用双面式飞轮，在面向发动机与面向变速器的面，均装上弹簧及减振器，以吸收换挡时的振动。

4.进气管装设消声器(Silencer)，以降低空气吸入发动机时产生的噪声。

1.1.5 降低柴油发动机排放污染的最新控制技术

一、概述

1.会造成环境危害的柴油发动机污染气体有CO、HC、CO_2、NO_x与PM，但由于柴油发动机的CO与HC排放量很低，因此CO_2、NO_x与PM特别受到关注，用于减少有害物质的产生的各种最新技术就相继被开发出来。

2.以下将CO_2、NO_x与PM做更进一步的说明，尤其是PM，相信很多人并不知道什么是PM，PM的主要成分有哪些？

二、各种污染气体介绍

1.CO_2

⑴什么是CO_2？CO_2是无色无味的气体，大量燃料的燃烧及砍伐热带雨林，都会使CO_2增加。因此，节省燃料使用以减少产生CO_2，是全世界非常重要的目标；**低油耗汽车排出的CO_2较少，也就是车辆越省油时，排出CO_2的量就越少**。这就是为什么三菱汽车公司，将其GDI发动机定位为全球环保发动机，丰田汽车公司将其Hybrid的Prius汽车，定位为生态环保汽车，都是因为它们比其他型号的发动机更省油的缘故。

⑵当大气中CO_2的浓度增加时，会造成什么影响？事实上，最直接的影响是加速全球气候变暖。当平均气温升高时，海平面高度会上升，且经常发生不正常的气候变化，对全球人类的影响是非常严重的。

2.NO_x

⑴什么是NO_x？NO_x是氮气与氧气在高温下各种化学合成物的总称。**当燃烧越完全(Complete)时，NO_x的产生量就越多，因此要减少NO_x，必须使燃烧反应的温度降低，但是温度降低时，要使NO_x与PM同时减少是很困难的。**

⑵当NO_x排出量增加时，会造成什么影响？NO_x是造成光化学烟雾(Photochemical Smog)与酸雨的主要原因，会对人类呼吸系统造成不良影响，并破坏森林与酸化湖泊、沼泽。柴油发动机排放的NO_x中，无色的NO约占90%，褐色的NO_2约占10%，NO与人体血红素的结合力约为CO的一千多倍。故空气中只要有少量的NO，血红素就会与它结合成NOHb，使其携氧能力大幅降低，从而使呼吸功能受到影响；NO_2不但会影响视野，也会造成呼吸器官的损害。

3.PM(Particulate Matter)

⑴什么是PM？PM是柴油发动机排放微粒物的总称，在台湾环保主管部门所制定的柴油车排放标准中称为粒状污染物。**PM的主要成分为：**

①**炭烟(Soot)**：又称煤灰，黑色，一般称为黑烟，占柴油发动机排放PM量的50%。

②**半燃烧燃油颗粒(Half-Combusted Fuel Particles)与可溶性有机成分(Soluble Organic Fraction，SOF，为润滑油成分)**：两者均属于碳氢化合物，冷却后为白色，占柴油发动机排放PM量的40%。SOF有致癌的可能。

③**柴油中含硫产生的硫酸盐(Sulfates)**：即硫氧化合物，为气态，可形成硫酸，占柴油发动机排放PM量的10%。

④**极微小悬浮颗粒(Suspended Particulate Matter，SPM)**：系存在PM中，其外径小于10 microns时归类为SPM，micron为百万分之一米之意。

⑵当PM排出量增加时，会造成什么影响？PM是空气传播的污染物之一，吸入后会蓄积，造成呼吸系统毛病，以及慢性肺部疾病；同时科学家也发现，SOF中有许多化合物，经证实会引起突变，在动物实验中会致癌。

三、降低CO_2的技术

1.柴油发动机燃烧的品质(Quality of Combustion)，取决于快速且完全的柴油/空气混合，它可减低油耗，降低CO_2排放量。有如下两种燃烧系统早已被采用：

柴油发动机燃烧系统
- 直接喷射(Direct Injection，DI)系统
- 非直接喷射(Indirect Injection，IDI)系统

⑴直接喷射系统

①DI系统是将柴油直接喷入燃烧室中，可达到良好的燃油经济性，但空气涡流

(Air Swirling)不够强烈，难以达到与柴油形成理想的混合，如图 1.4 所示。因此利用特殊设计进气孔道与燃烧室，以及高压燃油喷射方式，就可以克服涡流较弱的缺点。

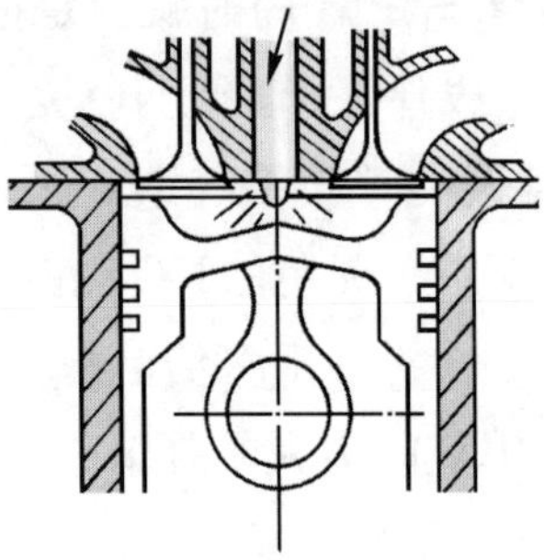

图 1.4　DI 系统的燃烧室设计(汽车学Ⅳ柴油发动机篇，赖瑞海)

② **DI 柴油发动机已经越来越普遍，在欧洲，载质量 4t 以上的所有载货汽车，几乎全部采用 DI 设计，而小客车采用 DI 的比例也非常高。**目前最普遍的 DI 系统，在燃烧室内能提供强烈的空气涡流，配合 4 或 5 孔喷油嘴喷出的高压柴油，空气与柴油能获得极佳的混合。

③ DI 系统的优点：

❶燃烧室表面积极小，热效率高，且热损失少，故油耗低。

❷简单的汽缸盖设计，可靠而耐用，其部分原因为汽缸盖几乎不受热与压力变化的影响。

❸起动容易，不需预热塞预热。

④ DI 系统的缺点：

❶一般的发动机设计，会比 IDI 系统产生更多的NO_x。

❷由于很难产生理想的涡流，不太适用于小客车等高转速车辆。

⑵非直接喷射系统

① IDI 系统通常使用于小客车及轻型货车。最普通的设计方式是在汽缸盖内设球状涡流室，如图 1.5 所示，活塞上行时将空气压入涡流室，并产生强烈涡流，当柴油喷射时，可得良好的混合，混合气先进行初步的燃烧，迫使未燃气体高速喷入主燃烧室，混合更佳，而达到完全燃烧。

② IDI 系统的优点：

❶适用于高转速发动机。

❷低振动与噪声。

③ IDI 系统的缺点：

❶副燃烧室增加设计与制造成本。

❷燃烧室表面积大，导致热损失及油耗高。

❸高温工作环境使零件磨损较快。

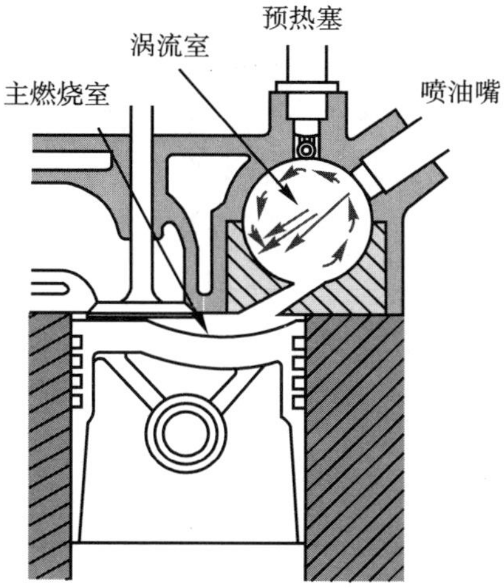

图 1.5　IDI 系统的燃烧室设计(汽车学Ⅳ柴油发动机篇，赖瑞海)

2.中间冷却式涡轮增压器(Intercooler Equipped Turbocharger)

⑴可改善燃烧效率(Combustion Efficiency)，提高动力输出，对减少CO_2排放也相当有帮助。

⑵以小排气量可有大功率输出，亦即发动机质量及尺寸都可较小，故车重较轻，可改善燃油效率；且同排气量时，涡轮增压发动机可比非涡轮增压发动机产生高约20%～50%的转矩。由于这些优点，使涡轮增压发动机非常适用于高速、长途运输车辆使用。

⑶而非涡轮增压发动机，具备低转速高转矩特性，较佳的起步及加速性能，主要适用于市区行驶，及常起步与停止的环境。

⑷**由于高燃油经济性及绝佳的动力性能，近年来，涡轮增压柴油发动机已越来越普遍化。**

四、降低NO_x的技术

1.Isuzu 的轻型载货汽车(Light-Duty Trucks)，采用连续控制 EGR 系统(Continuous Control EGR System)，如图 1.6 所示，由电脑控制EGR阀与九段式进气节气门(Intake Throttle Valve)，以调节 EGR 量与进气量。

2.Isuzu的中间冷却式涡轮增压器重型载货汽车(Heavy-Duty Trucks)，采用冷却式EGR系统，在EGR气体流动管上安装冷却装置，当EGR气体进入进气管前先降低其温度，故燃烧温度比一般EGR系统明显降低，且因进气密度高，进入燃烧室的气体量多，使燃烧更完全，故也可减少产生 PM。

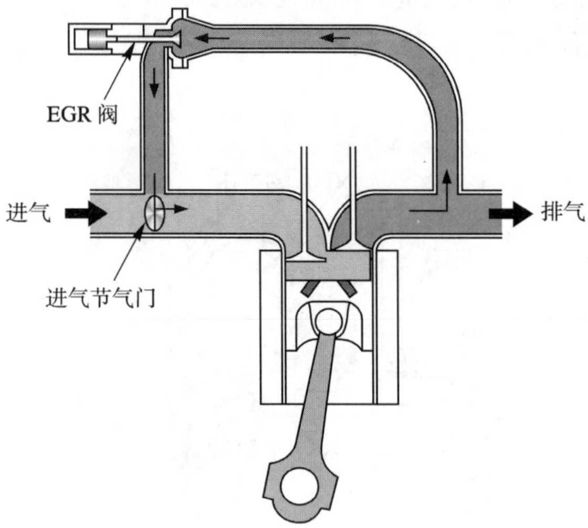

图 1.6　连续控制 EGR 系统(www.isuzu.co.jp)

五、降低 PM 的技术

1.为了减少 PM，将柴油均匀喷洒在燃烧室内，以获得完全燃烧，是必要的手段，亦即前提是柴油与空气必须充分混合。

2.因此利用高压燃油喷射(High-Pressure Fuel Injection)技术，在高压下，高度雾化柴油喷入燃烧室内，以改善柴油与空气的混合状况；极微小柴油雾粒彻底与周围空气混合，产生更快、更有效率且更完全的燃烧，可减少 PM 产生。

3.例如共轨式高压柴油喷射系统，能精确控制柴油喷射压力、喷射周期(Period)与喷射正时(Timing)，促进柴油与空气的混合，着火后能够规律、迅速且完全地燃烧，可减少产生 PM。

六、同步降低NO_x与 PM 的技术

1.当燃烧温度较高时，混合气会更接近完全燃烧，则NO_x产生量会越多，换句话说，柴油燃烧效率越高，获得更大的输出时，NO_x的产生量也越多；若燃烧温度下降，则会造成燃油效率与输出降低。因此，若为减少NO_x，则发动机必须平顺地(Calmly)控制爆发燃烧与完成燃烧行程；**利用电脑控制系统，控制柴油喷射量与时间，可使现代柴油发动机能得到良好平稳的燃烧，在减少产生NO_x之同时，也能维持发动机的输出性能。**

2.Isuzu的电脑控制共轨高压柴油喷射系统，其柴油喷射压力比传统式高，燃烧时可减少产生PM；同时利用ECU精密调节柴油喷射压力、周期与正时，故能抑制NO_x的产生。如图 1.7 所示，该系统是由高压泵(Supply Pump)、共轨(Common Rail)、喷油器(Injectors)、ECU 与各种传感器所组成。

(1)利用高压泵将柴油压力升高到 120 MPa，然后送至共轨，等待从各喷油器喷出。

⑵ECU监测发动机的各种运转状况，然后送出信号给各喷油器，以适当控制在所有运转周期内的喷油量与喷射时间。

⑶而传统式的喷射泵，其喷射压力是随着发动机转速与喷油量而变化，在低转速时，难以提高其喷射压力，即使是高转速，其压力也比共轨式低很多。

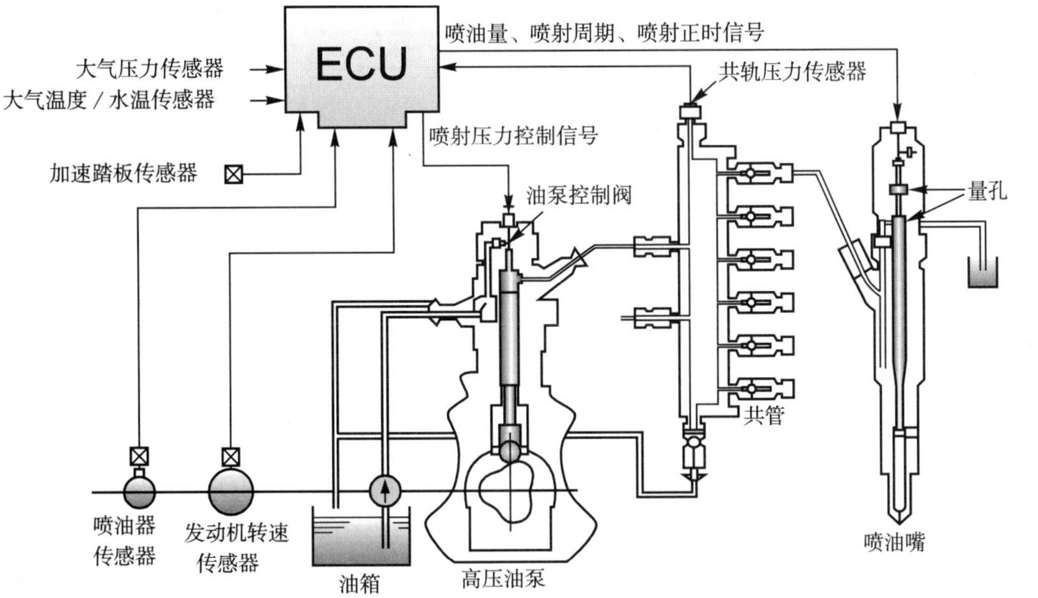

图 1.7　Isuzu 电脑控制共轨高压柴油喷射系统(www.isuzu.co.jp)

七、Isuzu 其他先进控制技术

1.氧化型催化转化器(Oxidizing Catalytic Converter)

⑴使PM与HC通过氧化反应转换为无害的物质，如CO_2与H_2O，转换器中高纯化白金，可使PM与HC大量减少，如图1.8所示。

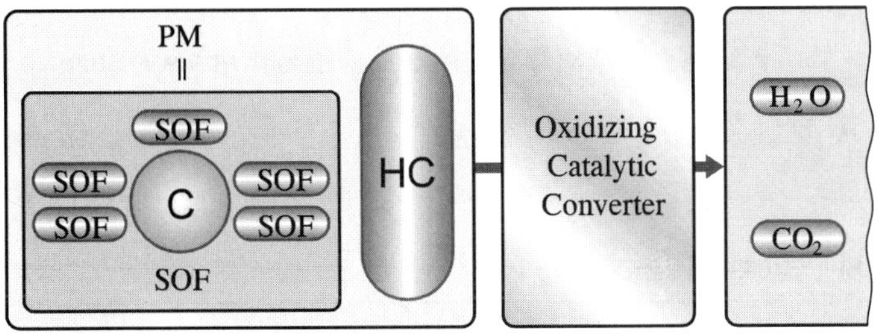

图 1.8　氧化型催化转化器的作用(www.isuzu.co.jp)

⑵ Isuzu 的氧化型催化转化器可有效去除在 PM 中的可溶性有机成分，但无法除去 PM 中的炭烟。

2.还原型(Deoxidizing Type)NO_x催化转化器(研发中)

⑴这是一个将NO_x转换为无害的N_2、H_2O与CO_2的装置，Isuzu正在研究使用柴油或尿素(Urea)作为催化剂，如图1.9所示。利用高密度蜂巢式托架(Carrier)，以彻底改进NO_x与催化剂的接触面积。

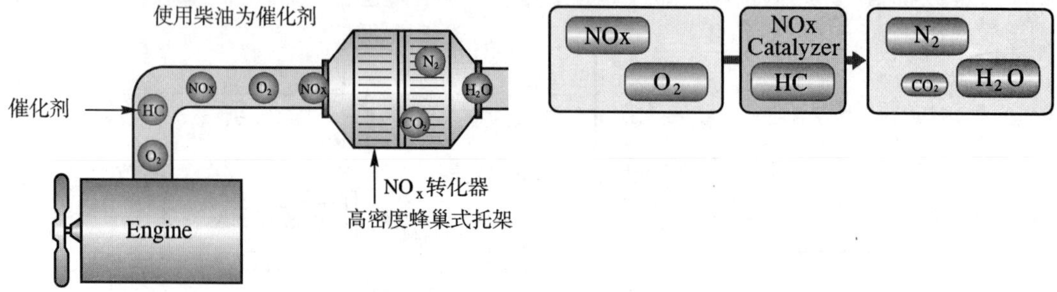

图1.9　还原型NO_x催化转化器的构造与作用(www.isuzu.co.jp)

⑵在这种转化器被实际使用前，必须先解决的问题，是如何降低废气中氧气高度集中的现象，以及如何减少柴油中的含硫量。

3.连续再生式柴油颗粒过滤器(Diesel Particulate Filter)(研发中)

⑴连续再生式柴油颗粒过滤器，可将NO转换为NO_2，使NO_2能在氧化型催化转化器中充分氧化，以及燃烧过滤器中的PM，如图1.10所示。

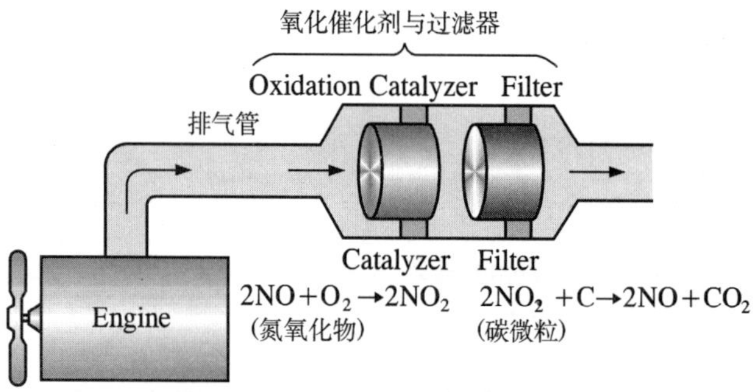

图1.10　连续再生式柴油颗粒过滤器的构造与作用(www.isuzu.co.jp)

⑵本系统不需要额外能源使PM燃烧，但在实际应用时，柴油中的含硫量必须非常低。

八、Bosch排气处理装置

1.概述

⑴德国在1994年时，汽车所造成的空气污染中，微粒物(PM)的比例占8.5%，其中黑烟、蓝烟及白烟是可见的，且气味令人不舒服。欧洲柴油发动机符合欧2(1996年)的排气标准时，其微粒物的排放量就已经很低了，因此不论发动机是在冷时或工作温度时，都已不容易排放可以看出颜色的烟了。

⑵但为了要符合欧4(2005年)更严格的排放标准，颗粒过滤器(Particle Filter)开始被应用在小客车及商用车上(EGR装置之后才使用)。从名称就可以看得出来，过滤器是要将柴油发动机排出气体中的微粒去除。

⑶ CO、HC可在氧化型催化转化器中燃烧，但要降低NO_x，是一项很困难的工作，催化剂(Agent)必须加入排气气流中，使NO_x能在催化转化器中减少。

2.各种处理装置

⑴炭烟烧除过滤器(Soot Burn-Off Filter)

①柴油发动机运转时，永远都有过量空气，亦即排气中含有充足且温度超过550℃以上的氧气，可以自行清净之方式将收集在颗粒过滤器中的炭烟烧除。依过滤器的材质，其峰值温度甚至可达1200℃，因此，以陶瓷为材料的过滤器已经被采用。

②如图1.11所示，为蜂巢式陶瓷炭烟烧除过滤器，其设计及材质与汽油发动机采用的转换器相同，陶瓷壁厚小于0.5 mm，两端以陶瓷塞(Ceramic Plug)交互封闭。因此，废气进入通道后，可通过多孔的陶瓷壁进入隔壁的通道，最后从排气管排出。

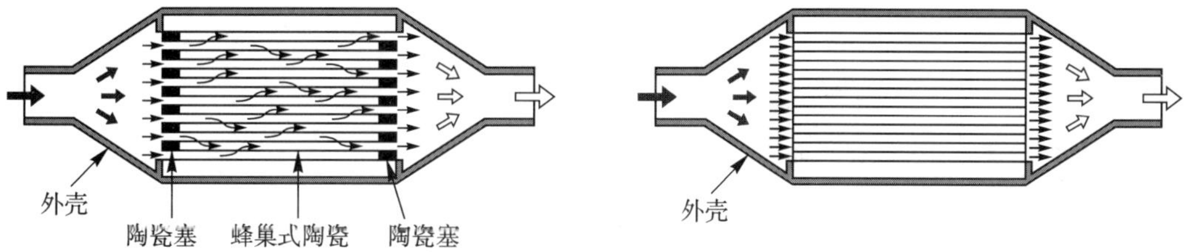

(a) 炭烟烧除过滤器　　(b) 氧化型催化转化器

图1.11　炭烟烧除过滤器与氧化型催化转化器(Technical Instruction, BOSCH)

③**为了清除过度的逆向压力(Counterpressure)，以及堵塞的危险，颗粒过滤器必须设计为再生式**，如在柴油中加入金属有机物(Metallo-Organic Substance)，可使燃烧温度降低到200~250℃，即使过滤器位在车辆底下，烧除作用仍能充分进行，或者是也可采用电加热器(Electric Heater)的强制再生方式。

⑵氧化型催化转化器

①**以柴油发动机而言，采用氧化型催化转化器，对降低CO及HC的效果非常显著**。图1.11(b)所示为氧化型催化转化器。

②**因为HC的排出会促使PM排放量增加(PM中HC占40%)，故氧化催化转化器对减少PM也有帮助**。欧洲地区规定，从2005年起，柴油中的含硫量必须≤0.005%，此种低硫柴油使氧化型催化转化器能长期有效工作。

⑶ SCR法(Selective Catalytic Reduction Method)

①**目前，转换NO_x最有效的方法是采用SCR法。SCR法是一种剂量系统（量**

孔系统）(Dosing System)，系将还原剂(Reduction Agent)喷入催化转化器中。

②最常用的还原剂为尿素水溶液(Carbamide-Water Solution)，将溶液以加水分解步骤（水解步骤）(Hydrolysis Stage)所产生的氨(Ammonia)，为真正的还原剂。经 SCR 的处理后，使NO_x降低。图 1.12 所示为采用 SCR 法之柴油发动机废气处理装置。

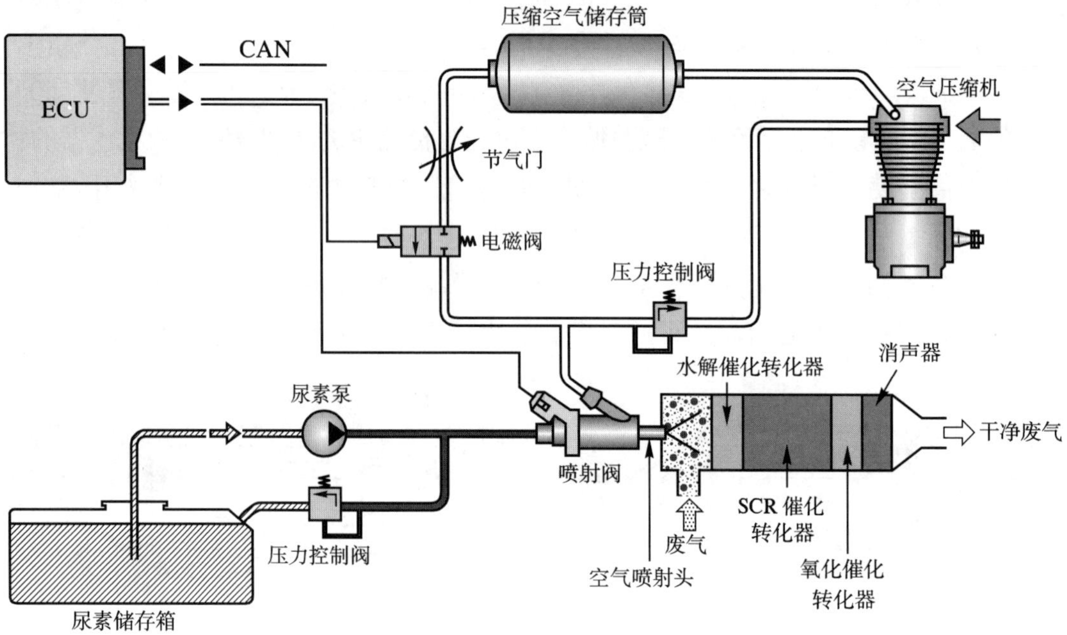

图 1.12　SCR 法排气处理装置的组成(Technical Instruction，BOSCH)

③整组转换器的最后为氧化型催化转化器，使未燃烧的CO、HC氧化。SCR法也有使用柴油为催化剂，但效果较差。

九、Scania 降低柴油发动机排放污染的控制技术

1.共轨技术

它实际上是一种已经普遍使用在汽油发动机的燃油喷射技术，可更有效地控制燃油喷射。Scania 共轨系统的喷射压力将比目前的 180MPa 还要高。

2.可变喷嘴截面涡轮增压器(Variable Geometry Turbocharger)技术

利用由电脑控制角度变化的可变活门（阀瓣），达到在各种发动机转速下，均能提高功率输出，并可减低污染。VW 汽车将此装置称为 VTG Turbocharger (Variable， Electronically Controlled Turbine Blade Geometry)。

3.自诊断系统

发动机的自诊断与故障排除功能，已渐使用在目前的发动机管理系统。

4.EGR 系统

为优先发展的废气控制系统。其优点为可降低NO_x，而且不会影响油耗。循环废气越多，NO_x的减少就越多，只是必须考虑成本与耐用性的问题；其缺点为较低的燃烧温度时，会产生较多的PM，因此柴油喷射压力必须再提高。

5.SCR催化转化器

先将尿素导入排气中，混合后再经过催化，可减少NO_x。与EGR系统不同的是，SCR是将尿素导入排气中，降低NO_x虽然十分有效，但其缺点为装尿素的容器会增加车重，且车辆每次加油时，必须顺便将尿素加满，因此加油站必须有提供此种服务。Scania将优先在发动机上安装EGR或SCR系统，以符合2005年欧4及2008年欧5的排放标准。但是到了2011年的欧6的严格排放标准时，除了EGR与SCR装置必须同时使用外，Scania正在研发的HCCI技术也将应用在未来发动机中，这种全程监控燃烧状况的系统，已经进步到监测并收集上一次燃烧的状况，以做为下一次喷油燃烧修正的参考。

6.颗粒过滤器

相当于前面所提到的DPF，过滤废气中的粒状污染物。在排气温度高且稳定时才适合作用，因此适用快速或高速公路行驶的车辆，不适用市区行驶短途多停的汽车。

7.氧化型催化

将CO与HC氧化成H_2O与CO_2。

1.1.6 极低污染燃料汽车的应用

一、极低污染燃料汽车的种类

Isuzu正在努力研发应用在大型车的各种极低污染发动机，不但可达到低污染，且对现今有限资源的有效利用有极大的帮助。

极低污染燃料汽车的种类
- 压缩天然气汽车
- 液化石油气汽车
- 二甲基醚汽车
- 柴油复合动力汽车
- 燃料电池汽车

二、压缩天然气(Compressed Natural Gas，CNG)汽车

1.CNG发动机的优点

(1)非常低的CO、HC与NO_x排放。

(2)几乎没有PM产生。

⑶天然气的主要成分为甲烷(Methane)，故产生的CO_2也非常少。

⑷另外，Isuzu 再装上三元催化转化器，使 CNG 车辆的排放污染极低。

2.CNG 发动机的缺点

⑴行驶距离较短。

⑵高压气瓶较重。

3.不像石油产地多集中在中东地区，天然气存在于世界各地，且储藏量比石油丰富，因此在能源稳定供应上，占有很重要的地位。

三、液化石油气(Liquefied Petroleum Gas，LPG)汽车

1.LPG 发动机的最主要优点为非常低的 PM 排放。

2.LPG 发动机的缺点为耗油量与汽油发动机相当。

3.低污染的 LPG 常做为家庭或工业用，便携式气炉、出租车及小型（紧凑型）货车用。LPG 在常温、常压下为气态，冷却或加压后很容易变成液态。

四、二甲醚(Dimethyl Ether，DME)汽车

1.DME 汽车被公认为是下一代的明星产物，其优点为

⑴非常低的NO_x排放。

⑵零炭烟(Black Smoke)与 PM 排放。

⑶燃油经济性与柴油发动机相当。

⑷易于储存与运输。

2.DME 的缺点

⑴行驶里程比柴油发动机短。

⑵基本设施较缺乏。

3.二甲醚是从木炭（炭黑）(Charcoal)与天然气中取得，在低大气压与常温下为液态，是非常稳定的燃料。

五、柴油混合动力(Diesel Hybrid)汽车

1.复合动力车辆的优点为：

⑴节省燃油消耗，同时减少CO_2的排出。

⑵在起步与加速时污染气体排出少。

2.复合动力车辆的缺点为：

⑴系统复杂，售价较高。

⑵维修成本较高。

3.**依目前柴油发动机比汽油发动机具备多项优势的情况下，柴油混合动力汽车将大有可为**。目前的复合动力系统有两种，一为柴油电机类型(Diesel-Electric

Type)，为柴油发动机搭配蓄电池及电机；另一种是储压式(Accumulation Pressure Type)，是柴油发动机搭配液压泵(Hydraulic Pump)。

六、燃料电池(Fuel Cell)汽车

1.燃料电池车辆是非常先进的低污染汽车，利用氢气(Hydrogen)与氧气(Oxygen)间的化学反应产生电荷，以使电机工作，也是未来的明星产物之一。

2.现行研发方向，一种系统是将氢气储存在特殊合金内，另一种系统是利用甲醇(Methanol)。

课后测评

一、是非题（是打√、非打X）

（ ）1.柴油发动机的应用范围很广，从割草机到轮船均可适用。

（ ）2.柴油发动机的功率大，利用自然进气方式即可达到目的。

（ ）3.柴油发动机在高转速时能输出高转矩。

（ ）4.柴油的能量密度比汽油高，故产生的热效率较高。

（ ）5.采用低硫柴油，不但能减少酸雨的危害，也可降低NO_x的排放量。

（ ）6.所谓3L汽车，是指3L燃油能行驶100km的意思。

（ ）7.发动机低油耗时，即可减少CO_2的排放量。

（ ）8.欧洲地区的豪华型、中型及小型（紧凑型）柴油小客车几乎都是采用IDI燃烧室。

（ ）9.NMHC为非甲烷有机气体。

（ ）10.DPF降低PM的效果非常明显。

（ ）11.柴油发动机主要的污染排放物质为NO_x与HC两种。

（ ）12.共轨式柴油喷射系统，利用引导喷射方式，可有效降低NVH。

（ ）13.当发动机燃烧越完全时，产生的NO_x就越少。

（ ）14.PM是指柴油发动机排放的黑烟。

（ ）15.炭烟，一般称为黑烟，在PM中所占的比例最高。

（ ）16.IDI系统只有一个燃烧室，目前柴油发动机使用非常普遍。

（ ）17.共轨式柴油喷射系统，可同时减低PM与NO_x。

（ ）18.Scania的共轨技术，其喷射压力达120MPa以上。

二、选择题

（ ）1.柴、汽油发动机比较时，下述何者柴油发动机较低？ (A)噪声 (B)CO_2排放量 (C)NO_x排放量 (D)PM排放量。

（ ）2.柴、汽油发动机比较时，下述何项对柴油发动机的叙述是正确的？ (A)功率较大 (B)耐久性较低 (C)转矩较大 (D)振动较小。

（ ）3.同排量的柴油发动机比汽油发动机可省油约 (A)5%～10% (B)10%～15% (C)20%～40% (D)50%～60%。

（ ）4.对柴油发动机的叙述，哪项为错误？ (A)柴油所需精炼较少，故较便宜 (B)排放污染控制装置成本较高 (C)压缩比高，故燃烧效率高 (D)热效率较低。

（ ）5.欧洲地区柴油发动机的排放控制标准 Euro 4，是预计在 (A)1996年 (B)

2001年 (C)2005年 (D)2008年 实施。

( )6.欧洲地区豪华型及中型柴油小客车，大部分都是采用 (A)共轨式 (B)喷油器式 (C)分油盘式 (D)直列喷射泵式 柴油喷射系统。

( )7.在美国，当柴油中含硫量降低至百分之十五时，其他值得注意的是 (A)冷却水 (B)机油 (C)ATF (D)制动液 中所含的硫与各种添加剂所造成的后果。

( )8.美国地区已在采用或研究预计采用的废气后处理设备中，何项无法同时降低NO_x与 PM？ (A)NO_x吸收式催化 (B)SCR 催化 (C)等离子体废气处理装置(D)氧化催化。

( )9.三菱将 GDI 发动机定位为全球环保发动机，是因为该发动机 (A)动力输出大 (B)省油 (C)转矩高 (D)低成本 的缘故。

( )10.PM中，以 (A)SPM (B)Soot (C)SOF (D)硫氧化合物 所占的比例最高。

( )11.采用冷却式 EGR 系统，可同时减低 (A)CO_2、PM (B)HC、CO_2 (C)NO_x、PM (D)CO、PM。

( )12.同时使NO_x与PM减少，必须采用 (A)共轨式喷射系统 (B)直列式喷射泵系统 (C)VE型分配式喷射泵系统 (D)PE型复式喷射泵系统。

( )13.各厂家的 SCR 催化转换器，都必须配合使用 (A)NO (B)白金 (C)O_2 (D)尿素。

( )14.利用氧化型催化转换器减少 HC，相对的也可减低 (A)CO (B)PM (C)NO_x (D)CO_2 的排放量。

( )15.目前降低柴油发动机排放NO_x最有效的方法是 (A)SCR法 (B)DPF法 (C)炭烟烧除过滤器法 (D)氧化型催化转化器。

三、问答题

1. 写出现代柴油发动机的各项优点。
2. 何谓能量密度？汽、柴油的能量密度分别是多少？
3. 为何要降低柴油中的含硫量？
4. 欧洲地区柴油车能蓬勃发展的原因有哪些？
5. 美国在柴油比汽油贵时，为什么还有许多中、大型车采用柴油发动机？
6. 何谓生物柴油？
7. 使用生物柴油还有哪些疑虑？
8. 当NO_x排放量增加时，会造成什么影响？
9. 写出 PM 中 4 种成分的名称。
10. 试述 DI 系统的优、缺点。
11. 共轨式柴油喷射系统如何减少产生 PM？

12. Isuzu 的共轨式柴油喷射系统，如何同时减低 PM 与NO_x？
13. Isuzu 的氧化型催化转化器有何功用？
14. Isuzu 的连续再生式 DPF 有何功用？
15. 写出 Scania 降低柴油发动机废气污染的控制技术。

CHAPTER 2

Modern of Diesel Engine DEVICE

电脑控制系统

2.1　电脑控制系统

2.1 电脑控制系统

2.1.1 电脑的构造与作用

一、概述

1.汽油车采用电脑控制，已经全面普及了，从发动机、底盘、电系、传动系统的电脑控制，到安全、舒适、便利等系统的电脑控制，已发展到几乎无处不电脑化了。各种大小、功能不同的CPU、微处理器、电脑数目之多，令人咋舌，例如一部Saab 9-5汽车的CPU数目约达60个，而一部BMW 7系列汽车的CPU数目更可达120个左右。

2.现代小型（紧凑型）柴油车已经实现全面电脑化了，与汽油小轿车的电脑控制不同的是它仅在燃料喷射与尾气净化方面实现了电脑控制。事实上，在整个电脑控制系统中，所采用的传感器、电脑及执行器的构造与作用原理，不分汽、柴油车，很多都是相同的；至于大型柴油车方面，喷射系统已先行电脑化了，接下来很多装置的改良，也不外乎是利用电脑控制。所以，在介绍柴油机各喷射系统前，先将电脑控制的内容进行说明。

二、电脑的安装位置、名称与分类

1.电脑的安装位置

车用主电脑(Computer)多置于仪表板下方，以避免高热、湿气及振动之影响，但也有将其置于座椅下、发动机舱或行李舱等处的。

2.电脑的名称

电脑的名称有许多种，常见的有：

⑴电子控制单元(Electronic Control Unit，ECU)。

⑵电子控制总成(Electronic Control Assembly，ECA)。

⑶处理器(Processor)。

⑷微处理器(Microprocessor)。

⑸逻辑模块(Logic Module)。

3.电脑的分类

现代汽车均使用数个或数十个以上电脑，其主要电脑的分类为：

⑴主电脑(Main Computer)：大型且功能强大，处理从各小型（紧凑型）电脑及传感器送来的数据。

⑵发动机电脑(Engine Computer)：简称发动机ECU，现常称为发动机控制模快(Engine Control Module，ECM)，或最新的名称称为动力系控制模块(Powertrain

Control Module，PCM)。它除了控制发动机外，还同时控制变速器等传动系统机件。

⑶自动变速器电脑(Automatic Transmission Computer)：简称 AT ECU。

⑷制动防抱死电脑(Anti-Lock Brake Computer)：简称 ABS ECU；近代汽车除 ABS 控制外，配合 TCS 控制，其 ECU 合组为一体，称为 ABS/TCS ECU；另外，现代汽车除了 ABS 控制外，还包括 TCS、EBD、VSC 等合并控制，其统合名称有 ESP、PSM 等。

⑸悬架系统电脑(Suspension System Computer)：控制减震器、乘坐软硬度及车高等，现代汽车常称为 BCM(Body Control Module)。

⑹气候控制电脑(Climate Control Computer)：控制通风、冷风、暖风等。

⑺仪表电脑(Instrumentation Computer)：控制显示器。

三、电脑的构造与主要零件的功能

1.图 2.1 所示为电脑的构造。它由微处理器芯片(Microprocessor Chip，或称 IC)、定时器集成电路(Timer IC，或称时钟)、输入接口芯片(Input Interface Chip)、输出接口芯片(Output Interface Chip)、输出驱动器(Output Drivers)、放大器芯片(Amplifier Chip)、存储器芯片(Memory Chips)、线束插座(Harness Connector)与外壳(Housing)等所组成。电脑内的主要零件配置，如图 2.2 所示。

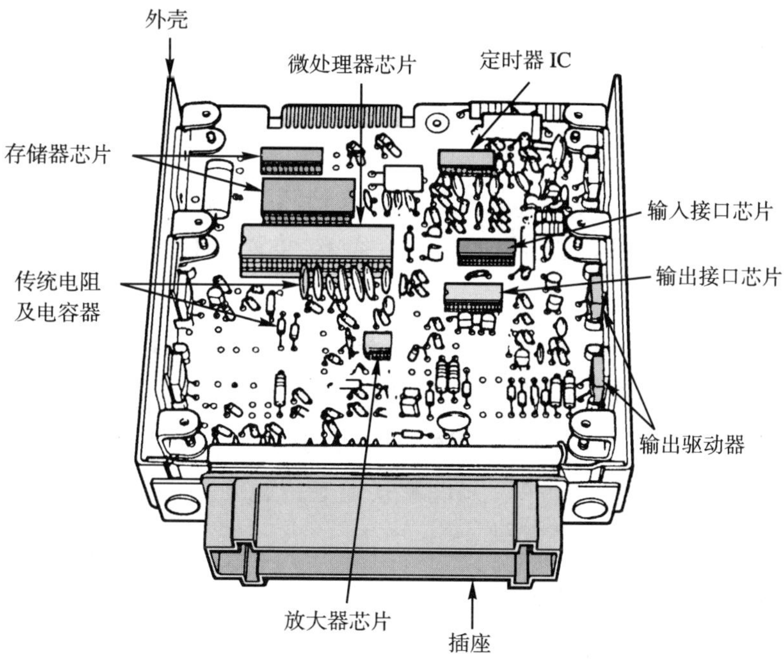

图 2.1　电脑的构造(Auto Electricity, Electronics, Computers, JAMES E. DUFFY)

2.各主要零件的基本功能

⑴稳压器(Reference Voltage Regulator)：**提供较低的稳定电压供电脑及传感器使用，常见的参考电压值为 5 V。**

⑵放大器(Amplifiers)：提高传感器输入信号之电压，以供电脑使用。

⑶转换器(Converter)：或称调节器(Conditioner)、接口(Interface)，将传感器的模拟信号转换成数字信号，以供电脑或执行机构使用。

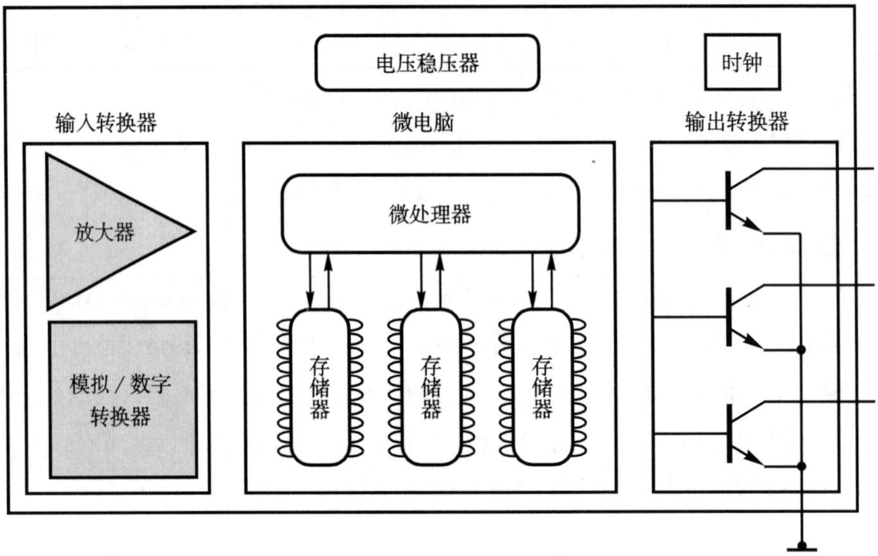

图 2.2　电脑内主要零件配置图(Auto Electricity, Electronics, Computers, JAMES E. DUFFY)

⑷微处理器(Microprocessor)：**系IC芯片，为电脑执行计算(Calculations)或做决定(Decisions)用。**

⑸存储器(Memory)：系 IC 芯片，为微电脑储存数据或程序用。

⑹时钟(Clock)：又称定时器(Timer)，使IC装置产生一定的脉冲，以调谐电脑内之作用。

⑺输出驱动器(Output Drivers)：**功率晶体管(Power Transistors)，可以提升电流，以使执行元件动作。**通常功率晶体管的耗用功率在 0.5 W 以上。

⑻印刷电路板(Printed Circuit Board)：连接并固定各零部件。

⑼线束插座：与传感器、执行元件及其他电脑连接。

⑽外壳：用以保护各电子零件。

四、电脑各主要零件的作用

1.稳压器：提供较低的电压给电脑内的电子零件及一些被动传感器，此电压必须非常稳定。如图 2.3 所示，5 V的参考电压送给热敏电阻式传感器，传感器内电阻的变化，使其输出电压发生变化。

2.放大器：增强送入电脑内变化的信号。例如氧传感器，产生低于 1 V的电压，同时有微量电流流动，此种信号在送至微处理器之前，必须先放大，放大作用是由电脑内放大器芯片的放大电路完成，放大后的信号，使电脑易于判读处理，如图2.4所示。

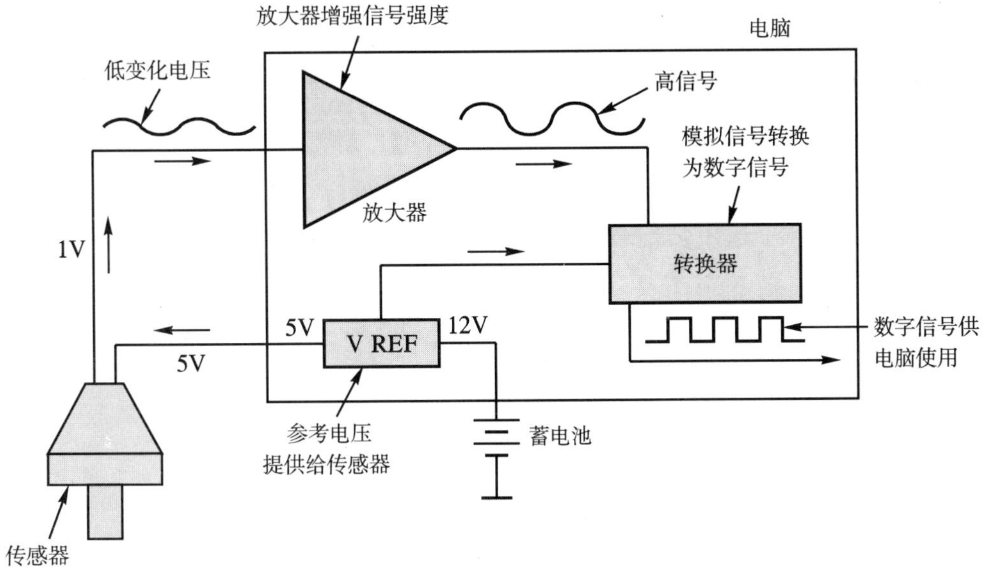

图2.3 稳定的电压送给热敏电阻式传感器使用(Auto Electricity, Electronics, Computers, JAMES E.DUFFY)

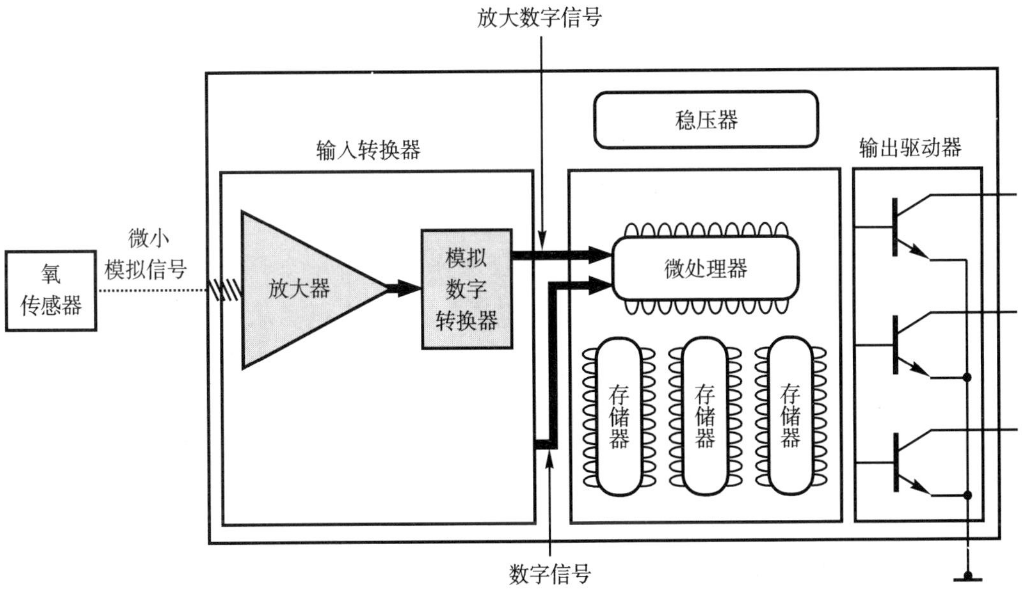

图2.4 放大作用(Automotive Computer Systems, Don Knowles)

3.转换器

(1)信号的种类

①模拟电压信号(Analog Voltage Signals)

❶模拟电压信号在一定范围内连续地变化，**柴油发动机的电脑控制系统，大多数的传感器都是产生模拟电压信号**，例如各种温度传感器、轮速传感器等，其电压变化都不是突然地升高或降低，而是进行连续的变化。

❷例如使用变阻器(Rheostat)来控制 5 V 灯泡的亮或暗，为模拟电压的例子，如图 2.5 所示。变阻器电压低时，小量电流流过灯泡，灯泡亮度暗淡，如图 2.5(b)所示，相当于送出弱信号；当变阻器电压高时，大量电流流过灯泡，灯泡亮度明亮，如图 2.5(c)所示，相当于送出强信号。

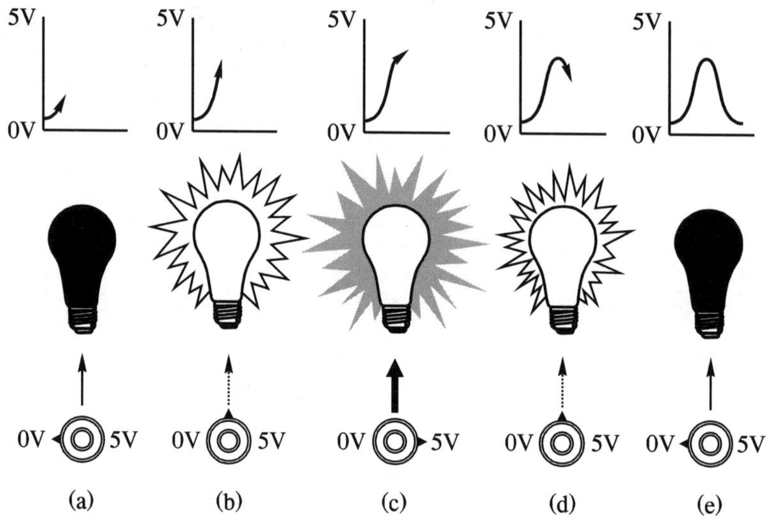

图 2.5　模拟电压信号(Automotive Computer Systems, Don Knowles)

②数字电压信号(Digital Voltage Signals)

❶将一个普通的ON/OFF开关与5 V灯泡连接，当开关OFF时，灯泡电压为0 V，灯泡不亮；当开关ON时，5 V电压送至灯泡，灯泡点亮。由开关送出的信号为0 V或5 V，使电压信号为低或高，如图2.6所示，此种电压信号如同数字信号，当开关迅速ON、OFF时，方波(Square Wave，或称方形波)数字信号从开关送至灯泡。

❷汽车电脑中的微处理器，包含有很大量的微小开关，能在每秒钟内产生许多数字电压信号，用来控制各种执行元件动作。**微处理器能改变 ON、OFF 时间之长短，以达精确控制之目的，如图 2.7 所示，ON 时间之宽度，称为脉冲宽度(Pulse Width)**。

❸在低数字信号处指定一个值为0，而在高数字信号处指定另一个值为1，即称为二进制码(Binary Code)信号，又称为二进位码信号，如图2.8所示。**汽车的电脑系统，信息系以二进制码形式之数字信号传送。**

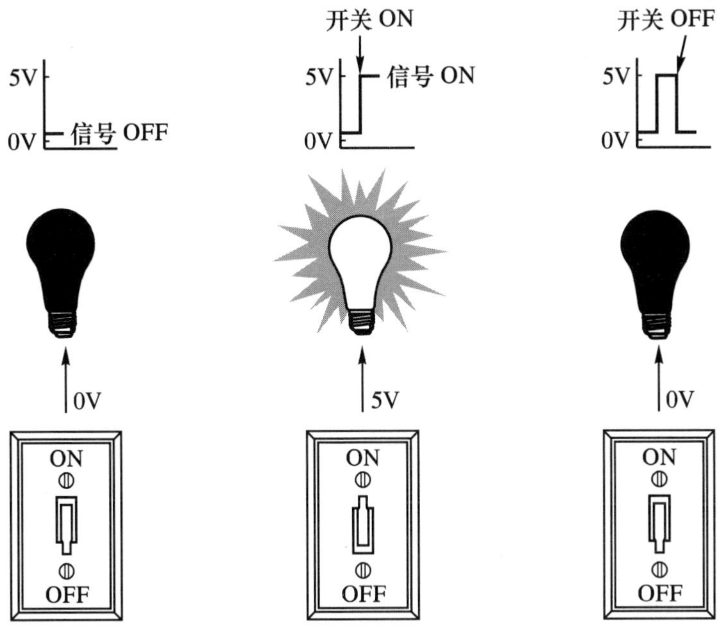

图 2.6　数字电压信号(Automotive Computer Systems, Don Knowles)

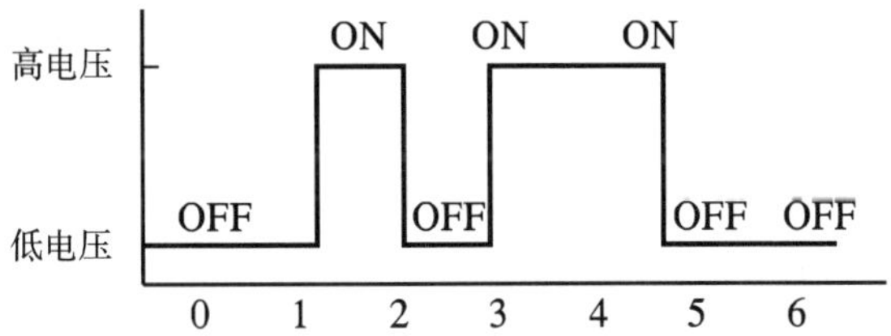

图 2.7　时间可变的数字电压信号(Automotive Computer Systems, Don Knowles)

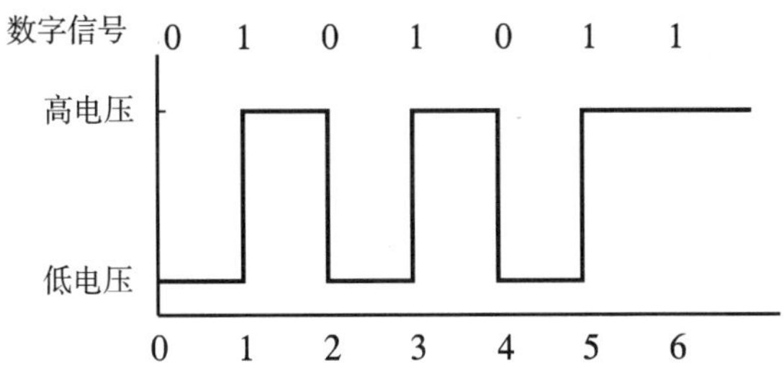

图 2.8　二进制码信号的数字电压信号(Automotive Computer Systems, Don Knowles)

⑵在本书及《现代汽车新科技装置》一书中，文中常提到利用脉冲宽度(Pulse Width)，以控制汽、柴油发动机喷油器电磁阀，与 ABS/TCS 装置进、回油阀等；以及利用脉冲宽度调节(Pulse Width Modulation，PWM)，以控制 EGR 阀、怠速空气控制(Idle Air Control，IAC)阀、Bosch 共轨式柴油喷射系统油压控制阀与 Caterpillar/Navistar HEUI系统的喷射压力调节器等，事实上，都是利用占空比的

方式，来控制各种电磁阀。在这里，先说明占空比、频率、脉冲宽度与脉冲宽度调节等概念。

①占空比

❶所谓占空比，是指在一个周期(或循环)的时间中，ON所占时间之比例。完成一次循环所需的时间称为周期(Period)。

❷如图 2.9 所示，若A为 10 ms，B为 10 ms，则

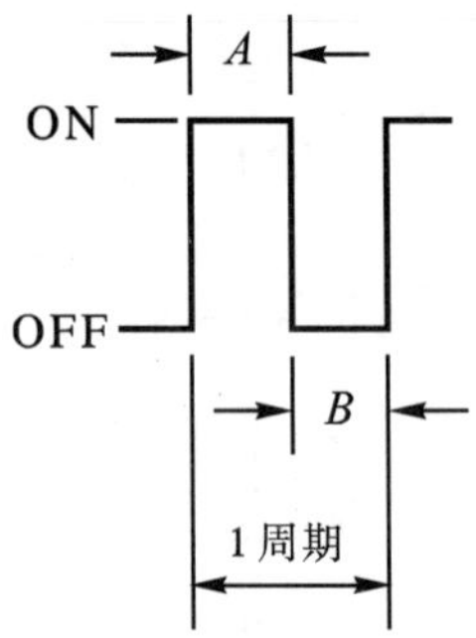

图 2.9　1 周期的工作时间比例(电子控制汽油喷射装置，黄靖雄．赖瑞海)

$$占空比=\frac{A}{A+B}=\frac{10}{10+10}=\frac{10}{20}=50\%$$

❸每一周期中，ON 的占空比(Duty Ratio)小时，对常闭型的控制阀而言，阀(Valve)的开度会越小，所能通过的空气或燃油越少；而当 ON 的占空比越大时，则阀的开度会越大，所能通过的空气或燃油越多，如图 2.10 所示。

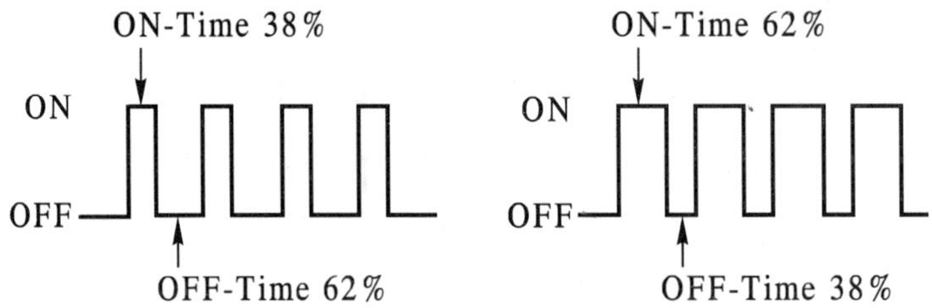

(a) ON 工作时间比例小　　(b) ON 工作时间比例大

图 2.10　ON 占空比的大小(电子控制汽油喷射装置，黄靖雄．赖瑞海)

❹不过，阀内柱塞(Plunger)因占空比的不同，会产生不同的线性位移量，不一定是用来控制流过阀的空气量或燃油量，要看用途而定。例如Toyota VVT-i系统的凸轮轴正时油压控制阀(Camshaft Timing Oil Control Valve)，也是采用占空比控制(Duty Control)，阀内柱塞不同的线性位移，是为了改变发动机机油的进、回油方向，以达到控制进气门提前或延后打开的目的。

②频率

❶**所谓频率，是指从 ON 到 OFF，或从正到负，脉冲(Pulse)或波形(Wave)变化速度的快慢，简而言之，即一秒钟内所产生的周期数或循环数**。例如台湾的家庭用电为 110 V 60 Hz，表示所用的交流电压，每秒钟有 60 个周期(循环)的连续变化。频率是以赫兹(Hertz，Hz)为单位。

❷如图 2.11 所示，高频率波形较陡峭，波形会迅速上升及下降，而低频率波形较和缓，波顶与波顶间的距离较大。

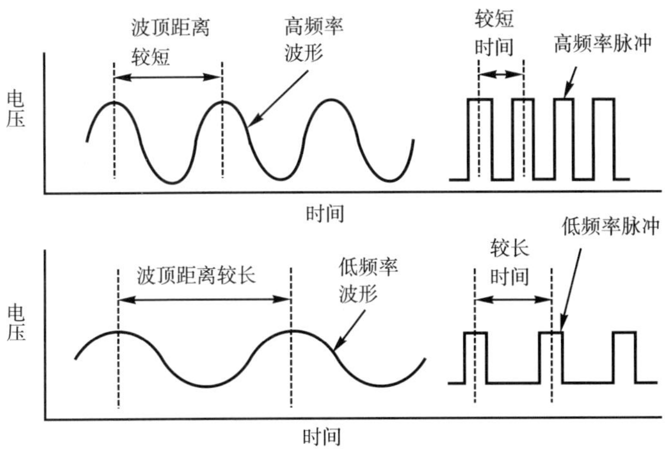

图 2.11　高、低频率波形的差异(Auto Electricity, Electronics, Computers, JAMES E. DUFFY)

❸如图 2.11 与图 2.12 所示，可以看出，当波形高度较高时，经转换器转换后，其电压也较高。图 2.12 中有低振幅正弦波(Low Amplitude Sine Wave)与高振幅正弦波，**所谓振幅(Amplitude)，意即从零线到波顶间电压或电流的大小**。

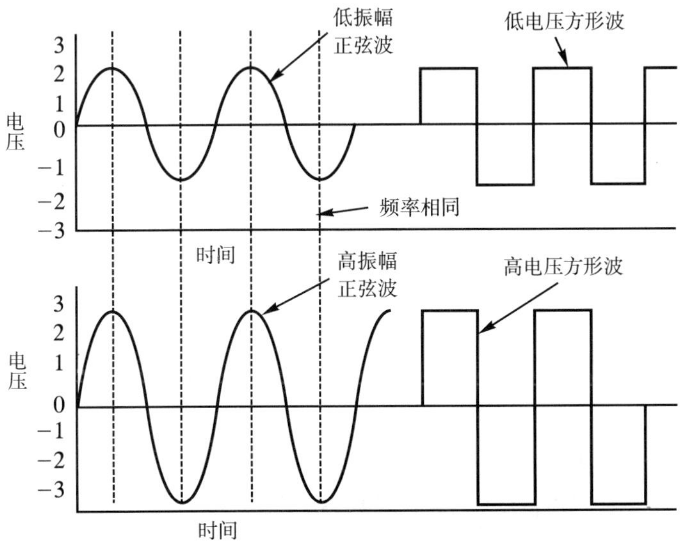

图 2.12　振幅高低不同时的差异(Auto Electricity, Electronics, Computers, JAMES E. DUFFY)

❹说明到此处，已陆续提到周期、频率、振幅等，当汽车维修人员使用示波器，

如FLUKE Scopemeter 98等，观察各传感器或执行机构的信号波形时，除了要注意波形形状外，也要查看周期、频率与振幅等的变化，以找出电子零件确实的故障点。

③脉冲宽度

❶**电磁阀的脉冲宽度是以毫秒(Milliseconds，ms)计算**，如汽油喷射系统的喷油器即是，当汽油量必须增加时，脉冲宽度的毫秒数也随之增加。该型电磁阀的开度(行程)一定，是以时间的长短控制电磁阀的打开时间。

❷如图2.13所示，采用脉冲宽度控制的电磁线圈式喷油器，针阀行程0.1mm左右，针阀打开时间也很短，在各种作用状态下，在1.5~10ms之间。脉冲宽度随喷油量而改变，例如加速时因节气门开度大，空气进入量多，需要更多汽油时，ECM会增加脉冲宽度，也就是ON的时间变长，喷油器打开时间变长，喷油量增加。

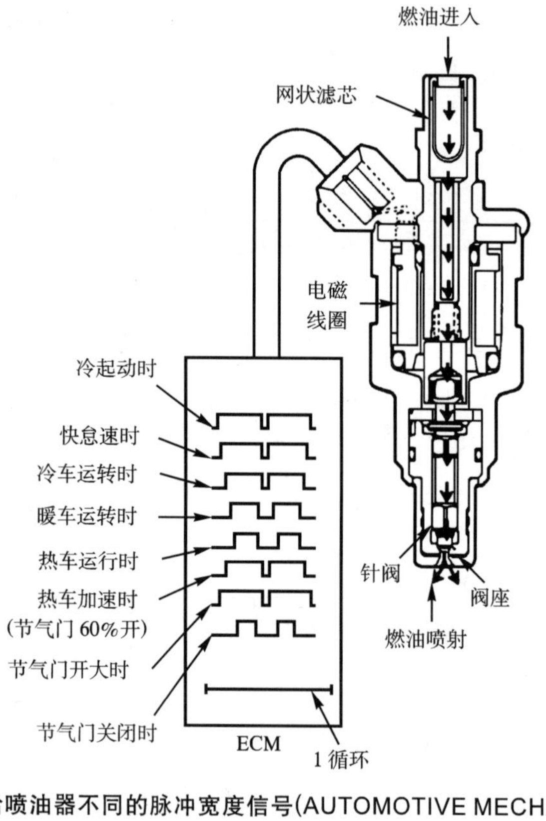

图2.13　ECM送给喷油器不同的脉冲宽度信号(AUTOMOTIVE MECHANICS CROUSE、ANGIN)

❸如图2.10所示，ON-Time在上，OFF-Time在下，是因为ECM控制电子零件的电源端，但大多数的电子零件是采用搭铁端控制，因此所看到的占空比图形会变成ON-Time在下(0 V上)，而OFF-Time在上(5 V或12 V上)。

④脉冲宽度调节(PWM)

❶**电磁阀是以方波(Square Wave)控制，且ON/OFF时间(ON/OFF Time)是**

可变的，称为脉冲宽度调节。

❷脉冲宽度调节电磁线圈常用于控制EGR阀，依所需的排气回流率，电脑控制不同的占空比比例。当占空比为0%时，表示EGR阀关闭，无排气回流；当占空比为100%时，EGR阀全开，排气回流量最大。

❸脉冲宽度调节电磁阀，也常作为汽油喷射发动机之怠速空气控制(Idle Air Control，IAC)用，电脑依所需怠速转速，控制占空比在0～100%间变化，改变旁通空气量，以达所需转速。

⑶脉冲、波形、信号与噪声：在电脑控制系统中，各种脉冲、波形、信号等，用来传送数据(Data)给电脑。这里先对这些名称的意义及相互间之关连说明如下：

①**脉冲(Pulse)：表示电压或电流的突然增加或减小，一个完整的脉冲必须是能在瞬间升高或降低**，如图2.6所示。

②波形(Wave)

❶表示电压或电流在较长的时间间隔(Time Span)中逐渐增加或减小，而电压在正、负间变换，如图2.5所示。

❷**方波(Square Wave)系电压的瞬间变化**，如图2.14(a)所示；**而正弦波(Sine Wave)或模拟波(Analog Wave)则是电压的逐渐变化**，如图2.14(b)所示。

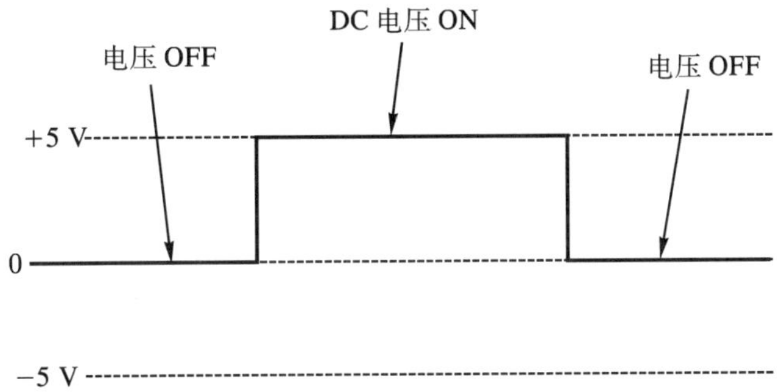

(a) DC 电压 ON 与 OFF

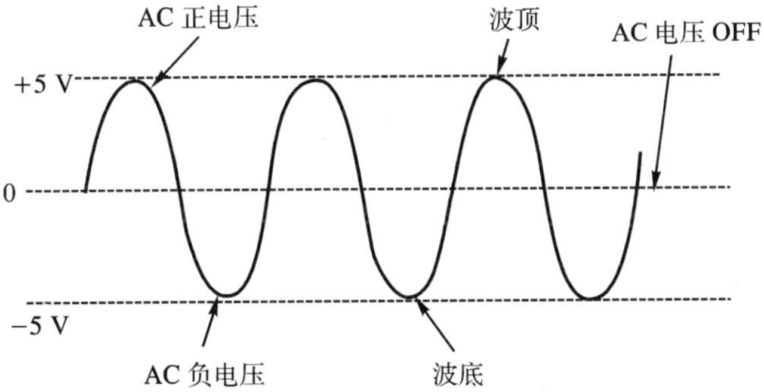

(b) AC 交流电压

图2.14　方波与正弦波(Auto Electricity, Electronics, Computers, JAMES E. DUFFY)

③信号(Signal)：为一带有电子数据脉冲或波形的特别组合，以供电脑使用，表示温度、转速、零件位置(Part Location)等状态。

④噪声(Noise)：为在电路中一种不必要的电压起伏，如图 2.15(g)所示。**噪声可从灯光、收音机、点火系统或充电系统进入电路中，扰乱电子电路的作用，因此在电路中使用电容器(Capacitors)，以防止 DC 电路中的噪声。**

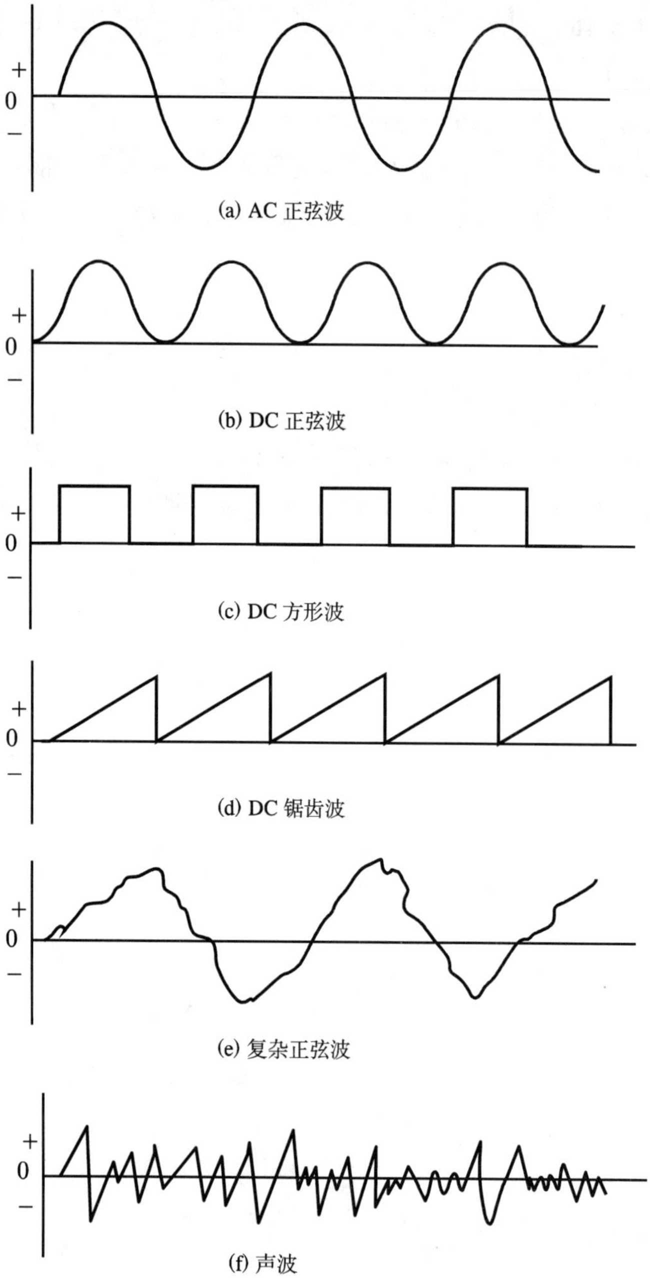

(a) AC 正弦波

(b) DC 正弦波

(c) DC 方形波

(d) DC 锯齿波

(e) 复杂正弦波

(f) 声波

图 2.15　各种不同的波形(Auto Electricity, Electronics, Computers, JAMES E. DUFFY)

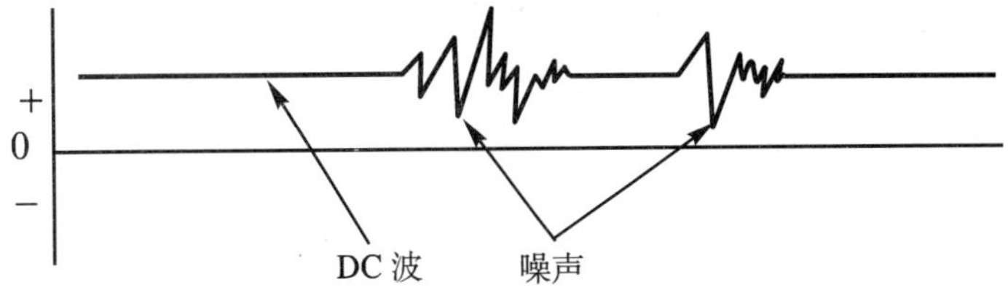

(g) DC 波中有噪声

图 2.15　各种不同的波形(Auto Electricity, Electronics, Computers, JAMES E DUFFY)(续)

⑷转换器的种类

①输入转换器

❶即模拟 / 数字转换器(Analog/Digital Converter)，简称 A/D 转换器。

❷ A/D 转换器用以处理传感器输入的数据，使能被电脑所使用。因大部分的传感器是产生模拟信号(Analog Signal)，为一种逐渐升高或降低的电压信号，**A/D 转换器将模拟信号转换为 0 或 1，OFF 或 ON，瞬间变化的数字信号(Digital Signal)，使成为微处理器能了解并处理的数据**，如图 2.16 所示。

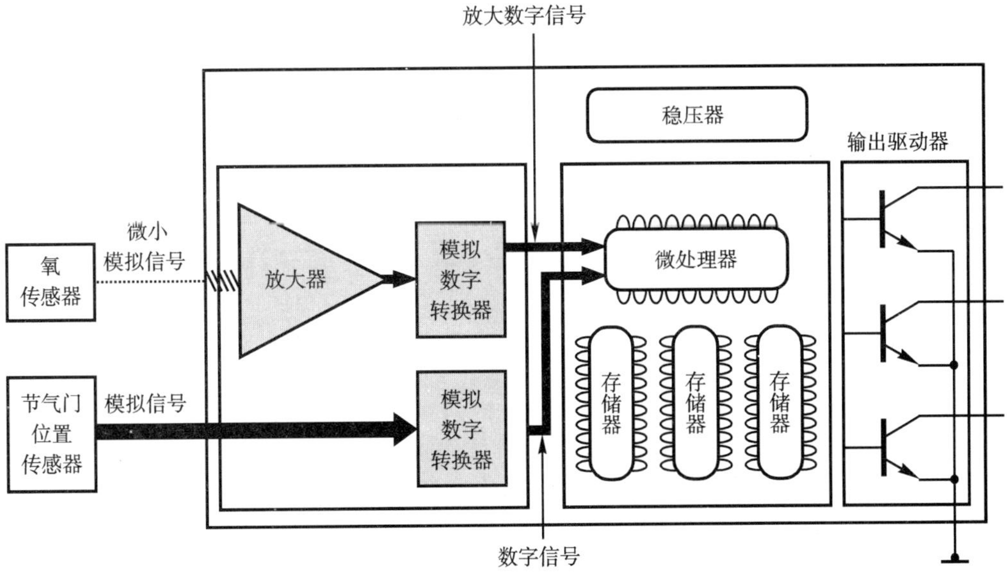

图 2.16　A/D 转换器的作用(Automotive Computer Systems, Don Knowles)

❸其作用为 A/D 转换器连续扫描输入的模拟信号，如节气门位置传感器(TPS)产生的电压，在节气门全关时为 0~2 V，部分打开时为 2~4 V，全开时为 4~5 V，因此 A/D 转换器将 TPS 的电压值，0~2 V 指定为数字 1，2~4 V 指定为数字 2，4~5 V 指定为数字 3，依不同电压值指定其数字，再将数字转换为二进制码的数字信号，如图 2.17 所示。

②输出转换器

❶简称 D/A 转换器，将数字信号转换成模拟信号，使执行器产生作用。

❷但电脑送出的数字信号，有些不转换成模拟信号，而是以数字信号直接使执行器动作。图 2.18 所示为磁电式曲轴位置传感器，当转速慢时，模拟电压信号低，经电脑后，数字电压信号短，故喷油器喷油少；当转速快时，模拟电压信号高，经电脑后，数字电压信号长，故喷油器喷油多。

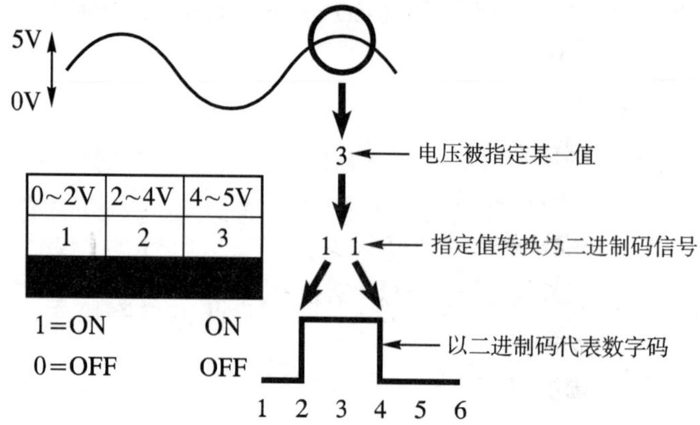

图 2.17　A/D 转换器的作用(Automotive Computer Systems, Don Knowles)

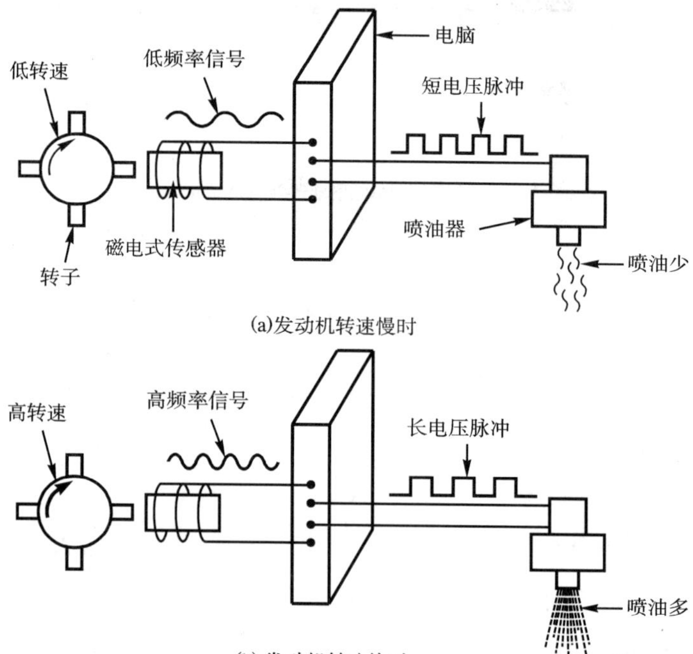

图 2.18　电脑输出数字电压信号(Auto Electricity, Electronics, Computers, JAMES E. DUFFY)

4.微处理器

(1)电脑内的微处理器，系用以计算并做决定的芯片，可说是电脑内的“大脑”。内含有大量微小的晶体管与二极管，晶体管如同电子开关，执行 ON/OFF 动作，晶体管等零件是蚀刻在小如指尖之IC(Integrated Circuit，集成电路)上的。

⑵微处理器并与各种存储器芯片配合使用，存储器内储存着数据，使微处理器能从存储器中读取数据，同时将新数据写入存储器，并帮助微处理器做出各种决定。

⑶以空燃比控制为例，依发动机及车辆的作用状况，各传感器将信号送给电脑，微处理器从存储器读取理想的空燃比数据，与传感器送入的数据相比较后，微处理器会做出决定，使喷油器在正确的时刻动作，以提供发动机需要的空燃比。

5.存储器

⑴存储器有很多种，如图2.19所示为各存储器的作用框图。数据从传感器采集来，经输入转换器变成数字信号；当数据从一处送至另一处时，由定时器做调节；微处理器能从存储器读取或写入数据，并利用逻辑门(Logic Gates)决定输出，其结果送至输出转换器，或直接送给执行机构。

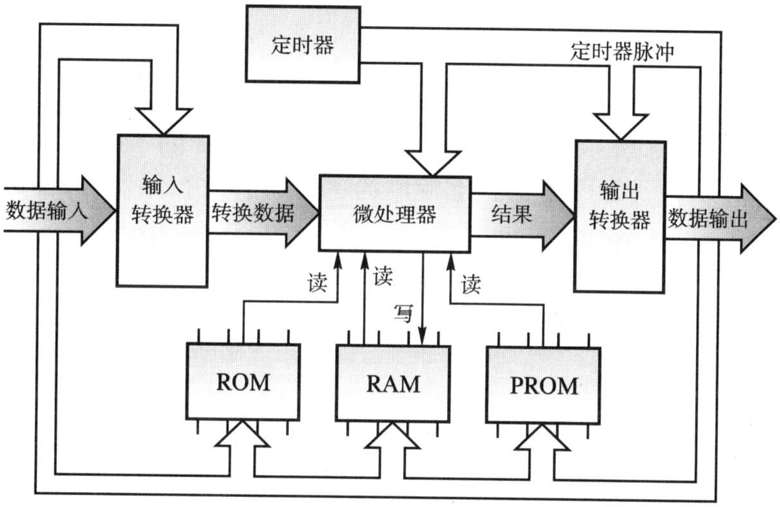

图2.19　各存储器作用框图(Auto Electricity, Electronics, Computers, JAMES E. DUFFY)

⑵存储器可先分成两大类

存储器的分类
- 挥发性存储器(Volatile Memory)：RAM
- 非挥发性存储器(Nonvolatile Memory)：ROM

①**挥发性存储器：即电源关掉后，存储器内的数据均消失，RAM即是**。RAM(Random Access Memory)即读写存储器，又称随机存取存储器，为临时储存数据之存储器芯片。当微处理器需要时，可从RAM读取数据以做计算，并可将数据写入RAM临时储存，可称为微处理器的“笔记簿”，用以记录输入及输出的数据，例如故障码就是储存在RAM内。当电源接头拆开时，RAM内的数据均会消失。

②非挥发性存储器：即电源关掉后，存储器内的数据不会消失，ROM 即是。 ROM(Read Only Memory)即只读存储器，可永久储存数据，即使将电源接头拆开，ROM内的数据也不会消除。ROM内有校准表(Calibration Tables)及查阅表(Look-up Tables)，校准表具有与车辆有关之一般数据，而查阅表具有车辆如何在理想状况下运转的标准数据。微处理器利用ROM，以找出发动机是否正常运转，从ROM读取数据，与传感器输入的数据比较，经计算后修正以改善车辆性能。

⑶ RAM 又可有两种分类

RAM 的分类一
- SRAM：静态随机存储器(速度较快，但电路较复杂且成本高)
- DRAM：动态随机存储器(速度较慢，但电路较简单且成本低)

RAM 的分类二
- 挥发性 RAM(Volatile RAM)：KAM
- 非挥发性 RAM(Nonvolatile RAM)：NVRAM

①挥发性 RAM，为汽车电脑上使用的一种特有的存储器 KAM(Keep Alive Memory)

❶即保活存储器（磨损修正系数存储器），KAM可暂时储存数据，微处理器能从 KAM 读取或写入数据。当点火开关 OFF 时，数据仍保存在 KAM 内，但当电源接头拆开时，KAM 内的数据会消失。

❷KAM使电脑具有适应策略(Adaptive Strategy)，当系统中传感器磨损后，从传感器送出不正常信号时，KAM使电脑仍能维持车辆正常的性能，KAM甚至能不理会错误的输入信号，以保持操纵性能(Driveability)。例如当氧传感器表面积垢而送出不正确信号时，KAM发觉后会送出正确的输出信号给喷油器，以维持可接受的空燃比。

❸当损坏的传感器、执行器或其他零件被更换时，车辆的作用可能会发生发动机快怠速或动力输出不良等现象，必须行驶约 6～8km，让KAM“学习”新装上的传感器，以修正原来错误的输入信号，将KAM内的数据更新为良好传感器的数据，并使发动机性能恢复正常。

②非挥发性 RAM，简称 NVRAM，部分汽车电脑会采用 NVRAM，当蓄电池接头被拆开，或蓄电池失效时，NVRAM 内的数据不会消失。

⑷ ROM 依其特性可分成五种

ROM 的分类：
- Mask ROM
- PROM
- EPROM
- EEPROM
- Flash Memory

① Mask ROM：掩膜式 ROM，即一种的只读存储器，可永久储存数据，特性为只能写入数据，但不能更改。

② PROM(Programmable Read Only Memory)

❶即可编程序只读存储器，微处理器能从PROM读取数据，但不能写入数据。**PROM 如 ROM 般为可永久储存数据的存储器芯片，但其内部数据较特殊**，为发动机的缸数、气门尺寸、压缩比、燃油系统形式，变速器的换挡点、齿轮比等，以及车重、选用配备与其他相关数据。因此相同形式的车子，依配备的不同，使用的 PROM 会完全不相同，如手动挡车与自动挡车的 PROM 就不相同。

❷PROM可从部分电脑上拆下，如图 2.20 所示，因PROM常浮插在电路板上，故原厂会提供特殊工具，以拆下PROM；但PROM芯片若是电路板的一部分时，则不容易拆下及更换。当更换电脑时，将PROM芯片拆下，装到新电脑上，也可换上不同或升级的 PROM。PROM 从电脑上拆下时，其内部数据不会消失。

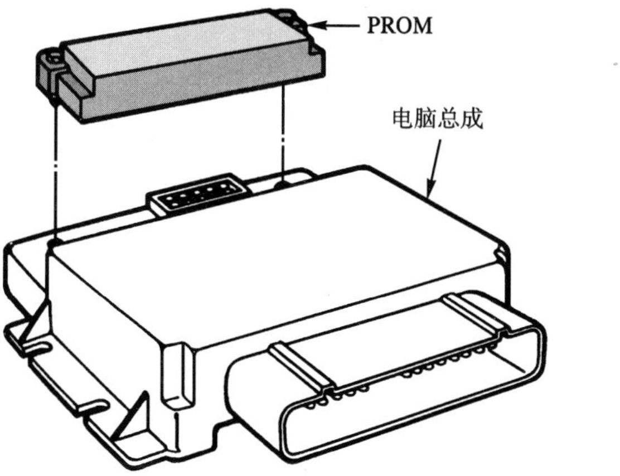

图 2.20　可拆装式PROM(Auto Electricity, Electronics, Computers, JAMES E. DUFFY)

③ EPROM(Erasable Programmable Read Only Memory)

❶即可擦除可编程序器只读存储器，要擦除及刷新EPROM时，必须先将EPROM从电脑的电路板上拆下，并置于紫外(Ultra Violet，UV)光，即紫外线下一段时间，擦除后再输入新数据，故也可称为 UV EPROM。若 EPROM 是焊在电路板上的，

则电脑必须换新。

❷EPROM芯片的外壳上开有石英玻璃窗口，以便紫外线通过。但为防止EPROM芯片数据被意外擦除，此种芯片通常会密封起来，或用胶带裹起来。

④ EEPROM(Electronically Erasable Programmable Read Only Memory)

❶即电子可擦除可编程序器只读存储器。**EEPROM 不必拆下，且不用紫外线擦除，可直接更新校准程序(Calibration Program)**。现代汽车电脑均已采用此种类型的存储器，故不用拆装存储器芯片，从而可节省时间，且根据需要可随时更新电脑内的数据。

❷ EEPROM 可由键入原厂码(Code Number)重新编程，以允许新数据写入覆盖旧数据。汽车制造厂会提供技术数据，授权汽车经销商利用网络下载，光盘内数据、车用扫描仪(Scanner)内数据或所附程序，将新数据输入汽车电脑中，以更新EEPROM 内的数据。

❸如图 2.21 所示，为更新 EEPROM 数据所需的特殊装备，以刷新克莱斯勒汽车用电脑，当EEPROM接头的某针(Pins)，接收到 12 V或 21 V的高电压时，CPU开启(Open the Door)以载入新程序。

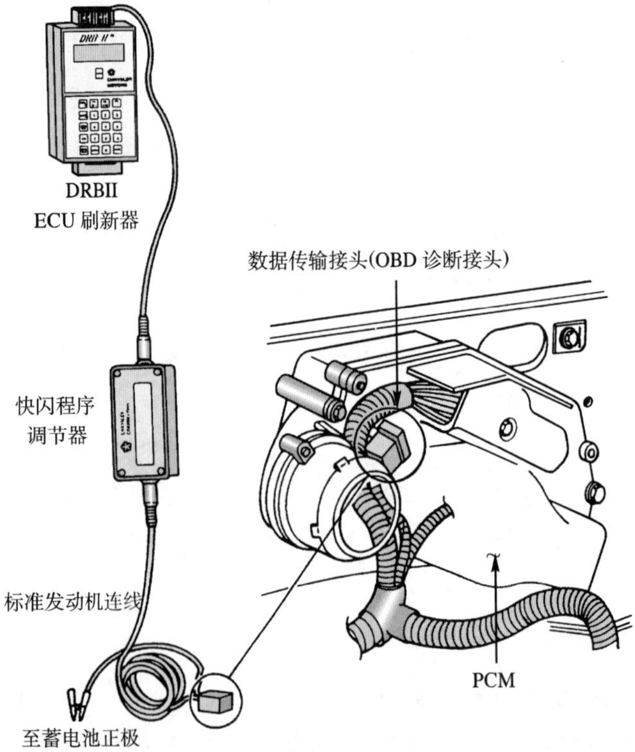

图 2.21　更新 EEPROM 内的数据(Advanced Automotive Emissions Systems, Rick Escalambre)

❹刷新后，EEPROM如同新品，意即电脑必须学习及适应新的工作环境。此种可程序存储器，已普遍使用在车身控制(Body Control)、安全及方便(Safety and Convenience)、免钥匙开启(Keyless Entry)、系统个性化(System Personalization)等各种设计上。

⑤ Flash Memory：即常听到的快闪存储器，系利用电流以改写存储器芯片内数据，如Flash EPROM。**其优点为容量大，成本低，及抹除与刷新时速度快。**

6.输出驱动器

⑴电脑内的输出驱动器是由许多电晶体组成，微处理器使输出驱动器作用，以依序控制各种执行元件，如电磁线圈、继电器及显示器等之作用，如图2.22所示。例如Bosch第一代共轨式柴油喷射系统，每一缸喷油器内都有一组电磁线圈，当微处理器通知输出驱动器使电磁线圈作用时，输出驱动器使喷油器电磁线圈线路搭铁，喷油器针阀因上端泄油而打开喷油，直至搭铁中断时才停止。

⑵另外如电脑控制冷却风扇电路也是一样，当输出驱动器使电路中继电器的线圈搭铁时，继电器内接点因吸力而闭合，电流从电瓶经接点送给冷却风扇电机；当输出驱动器中断线圈的搭铁时，继电器内接点打开，冷却风扇电机停止转动。

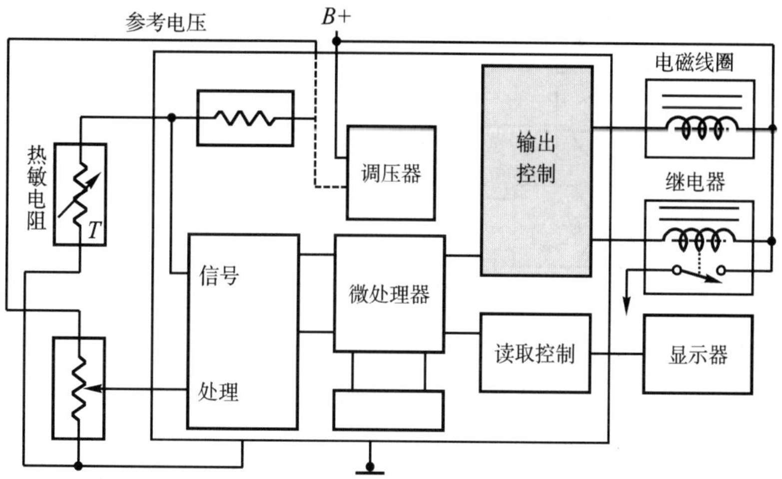

图2.22 输出驱动器之控制(Automotive Computer Systems, Don Knowles)

2.1.2 传感器与执行器

一、电脑控制的步骤

1.电脑控制的步骤，依次为输入、处理及输出，如图2.23所示。

2.处理部分已在上一节中充分说明，本节中分别说明传感器与执行器两大部分。

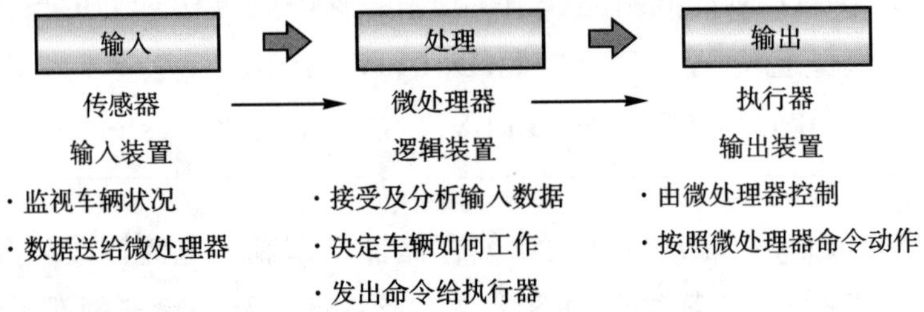

图 2.23　电脑控制的步骤(Auto Electricity, Electronics, Computers, JAMES E. DUFFY)

二、传感器(Sensors)

1.各种传感器的作用是将车辆的许多工作状况，以模拟或数字电压信号形式传送给电脑，如图 2.24 所示。大多数的数据通常是以模拟方式输出。

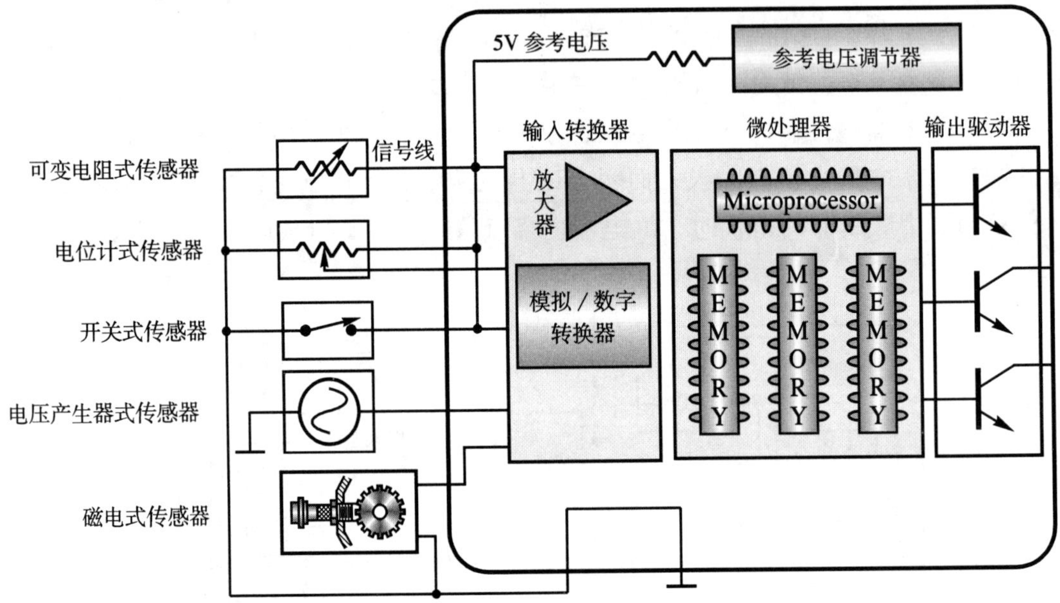

图 2.24　各种不同的传感器(Medium/Heavy Duty Trucks Engines, Fuel & Computerized Management, Sean Bennett)

2.传感器依其构造及作用可分为

(1)可变电阻式(Variable Resistor Type)传感器：**即热敏电阻(Thermistor)式，或称感温电阻式，当温度产生变化时，传感器内可变电阻之电阻值也随之变化。**如图 2.25 所示为发动机水温传感器，当水温升高时，电阻值降低，称为负温度系数(Negative Temperature Coefficient，NTC)型；反之，当水温、气温或油温升高时，电阻值也升高，称为正温度系数(Positive Temperature Coefficient，PTC)型。这种形式的传感器使用很普遍，常做为：

①水温传感器。

②进气温度传感器。

③机油温度传感器。

④燃油温度传感器。

⑤ ATF 温度传感器。

⑥蓄电池液温度传感器。

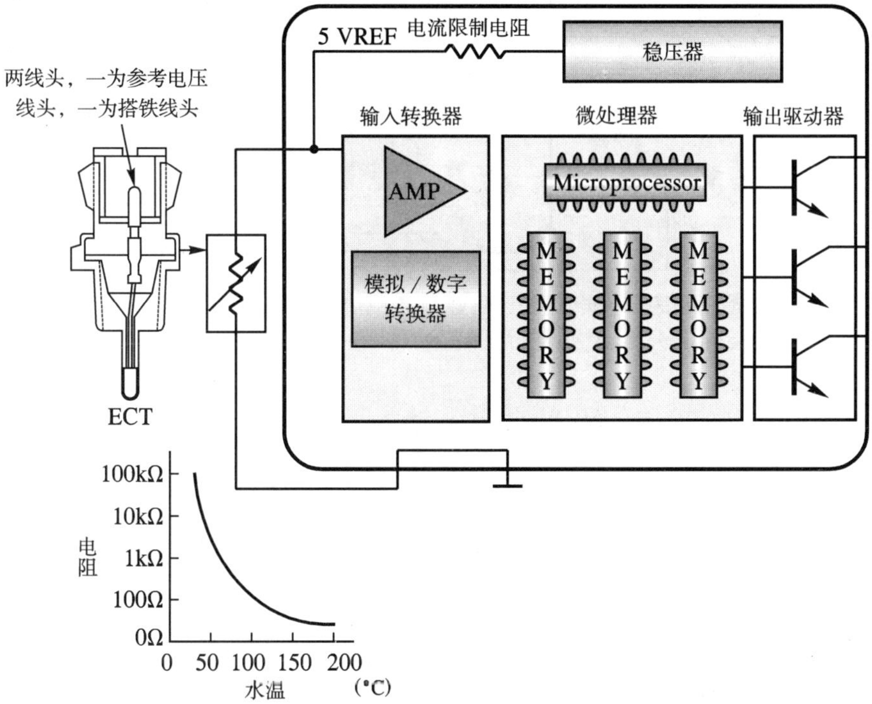

图 2.25　可变电阻的使用实例(Medium/Heavy Duty Trucks Engines, Fuel & Computerized Management, Sean Bennett)

⑵电位计型(Potentiometer Type)传感器：**类似一个可变电阻器，由零件之移动而改变其电阻，将不同电压信号送给电脑**，如图 2.26 所示，为节气门位置传感器。该传感器为电位计类型，有三条线，分别是 5 V 参考电压线、信号线与搭铁线。该类传感器常做为：

①节气门位置传感器。

②加速踏板位置传感器。

③悬架高度位置传感器。

⑶磁电式(Magnetic Type)传感器：**利用零件的转动产生电压信号给电脑，以测定发动机转速等**。图 2.27 所示为发动机转速传感器。该类型传感器常做为：

①发动机转速传感器。

②车速传感器。

③轮速传感器。

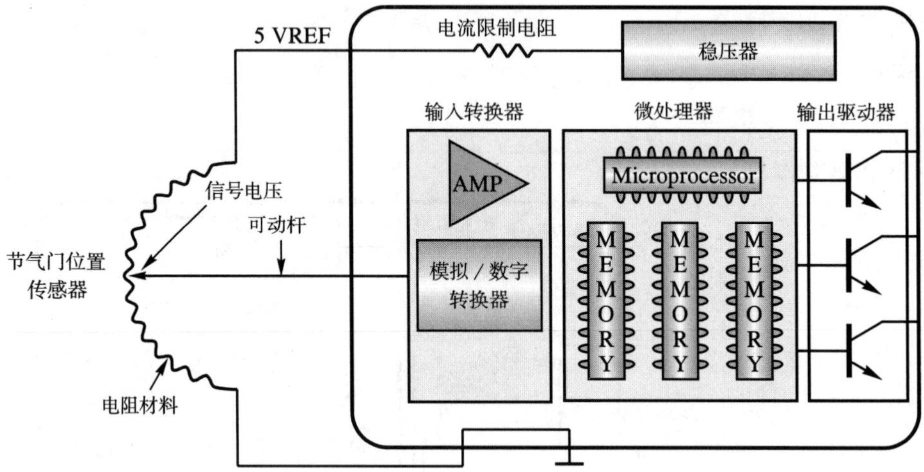

图 2.26　电位计的使用实例(Medium/Heavy Duty Trucks Engines, Fuel & Computerized Management, Sean Bennett)

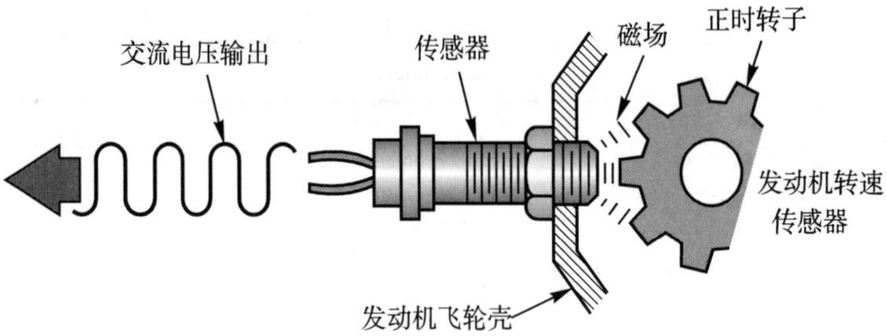

图 2.27　磁电式的使用实例(Medium/Heavy Duty Trucks Engines, Fuel & Computerized Management, Sean Bennett)

⑷开关式(Switching Type)传感器：**由传感器内电路的接通或切断将信号送给电脑**。如图 2.28 所示，为开关式传感器，用以监测温度变化、压力变化及零件移动等，当开关闭合时，输出为 0 V；当开关打开时，输出为 5 V。

⑸电压发生器类型(Voltage Generator Type)传感器：用于将**由传感器产生电压信号传送给电脑，如霍尔效应传感器等**。

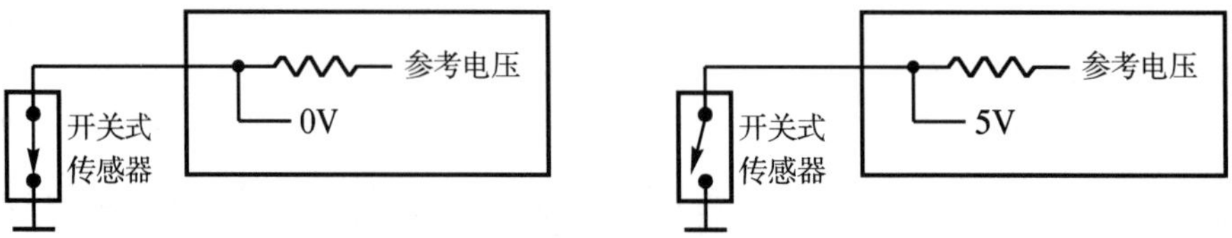

(a) 开关闭合时　　(b) 开关打开时

图 2.28　开关式传感器的作用(Auto Electricity, Electronics, Computers, JAMES E. DUFFY)

3.另外，传感器依其作用也可分为：

⑴主动式传感器(Active Sensor)：**即传感器本身可产生电压信号给电脑**，如：

①磁电式传感器。

②霍尔效应传感器。

❶曲轴位置传感器。

❷凸轮轴位置传感器。

③爆震传感器。

④氧传感器。

⑵被动传感器(Passive Sensor)：**即传感器本身无法产生电压信号，是由电脑提供通常是 5 V 的参考电压(Reference Voltage)**，此电压因传感器内部电阻变化(或压力变化)而改变输出值，如：

①可变电阻式传感器。

②电位计型传感器。

③可变电容(压力)式传感器[Variable Capacitance (Pressure) Sensor]：压力作用在传感器内陶瓷片(Ceramic Disc)上，由陶瓷片距离钢片(Steel Disc)之远近，而使电容产生变化，因此而改变输出的电阻值。图 2.29 所示为发动机机油压力传感器(Engine Oil Pressure Sensor)的使用实例。可变电容式传感器应用于：

❶机油压力传感器。

❷燃油压力传感器(Fuel Pressure Sensor)。

❸大气压力传感器(Barometric Pressure Sensor)。

❹增压压力传感器(Boost Pressure Sensor)。

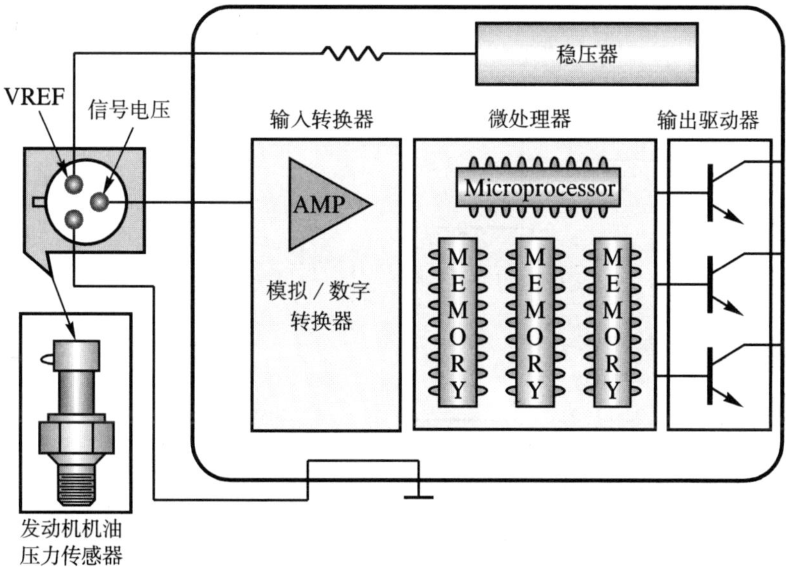

图 2.29　可变电容式传感器的使用实例(Medium/Heavy Duty Trucks Engines, Fuel & Computerized Management, Sean Bennett)

三、执行器(Actuators)

1.电脑控制各种执行器（执行机构、执行元件）的作用是为获得最佳的发动机性能、油耗、废气排放及车辆所有系统的控制，如图 2.30 所示。

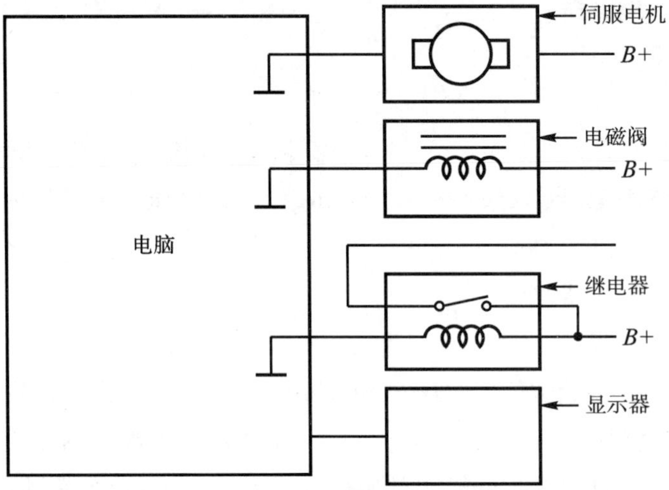

图 2.30　电脑控制各式执行器(Auto Electricity, Electronics, Computers, JAMES E. DUFFY)

2.按照执行器的构造及作用可分为

(1)电磁阀型(Solenoid Type)：**电流流入电磁线圈产生磁力，使活塞或柱塞移动，以打开或关闭阀门。这种类型的执行器使用最多，**图 2.31 所示为车门锁使用电磁阀型执行器的作用。车速传感器将信号送给电脑，达到一定速度时，电脑控制使车门锁线圈搭铁，电流流入线圈，磁力使柱塞下移，将车门锁钮下拉锁住车门。图 2.32 所示为使用电磁阀，控制空气控制阀的开度，改变旁通空气量，以调节发动机怠速。

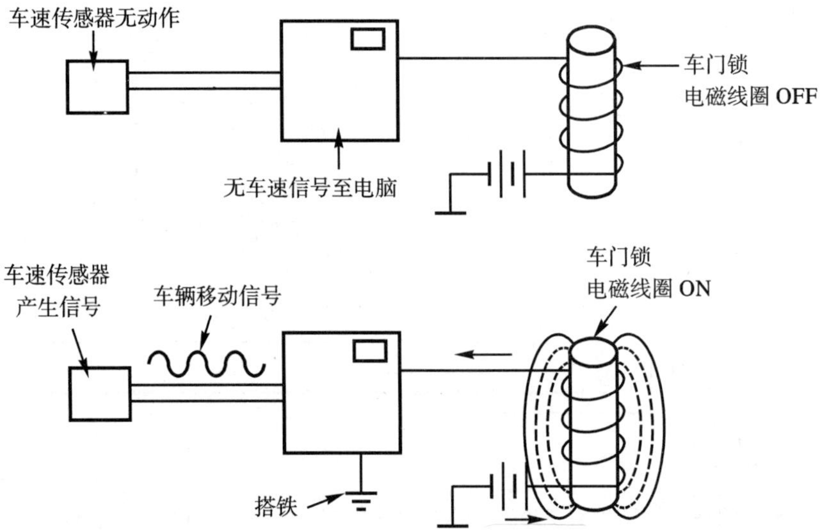

图 2.31　电磁阀式执行器的作用(一)(Auto Electricity, Electronics, Computers, JAMES E. DUFFY)

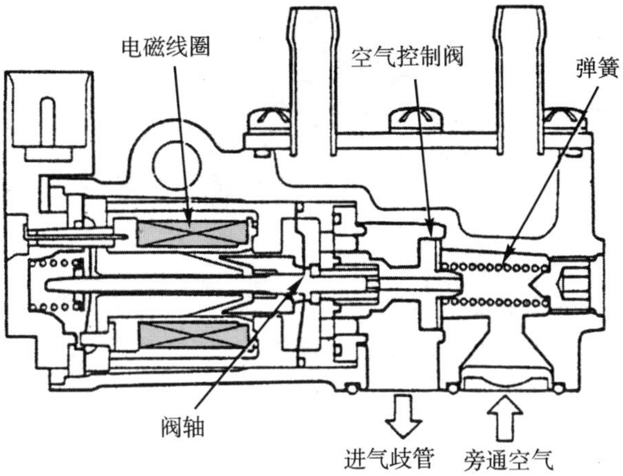

图 2.32　电磁阀式执行器的作用(二)(Civic 训练手册,本田汽车公司)

⑵伺服电机式(Servo Motor Type)：**电脑控制电机电路的搭铁，使电机正转、反转，以控制零件、阀门的转动或移动**。如图 2.33 所示为怠速电机的柱塞移动，以改变节气门的开度。图 2.34 所示为伺服电机，又称步进电机(Stepper Motor)的构造，当电枢旋转时，电脑控制可使其随时停在任一位置，以精确控制阀门的开度，常用来控制旁通空气量，以调节发动机怠速。

⑶继电器式(Relay Type)：**当控制的零件需要大电流时，继电器是一种理想的电器，电脑控制继电器的线圈搭铁，能使大量电流通过，从而可控制零件产生动作**。如图 2.35 所示，当电脑得知冷却风扇需要转动时，就使继电器线圈搭铁，继电器内接点闭合，大量电流就流过接点到冷却风扇电机。

⑷显示器式(Display Type)：电流进入仪表板处的荧光屏或液晶显示器，以提供驾驶所需的信息。

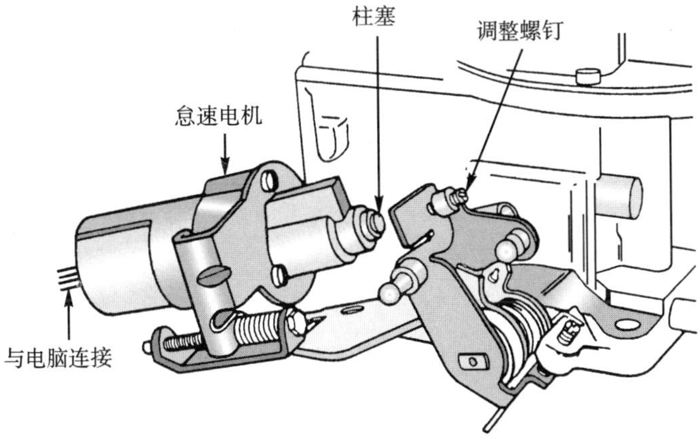

图 2.33　伺服电机式执行器的作用(一)(Auto Electricity, Electronics, Computers, JAMES E. DUFFY)

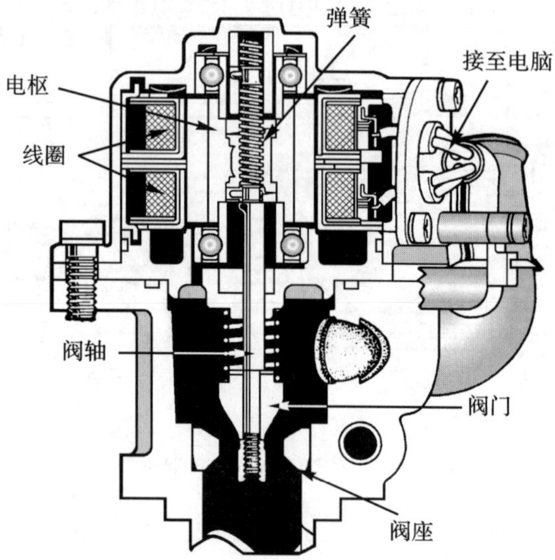

图 2.34　伺服电机式执行器的作用(二)(Auto Electricity, Electronics, Computers, JAMES E. DUFFY)

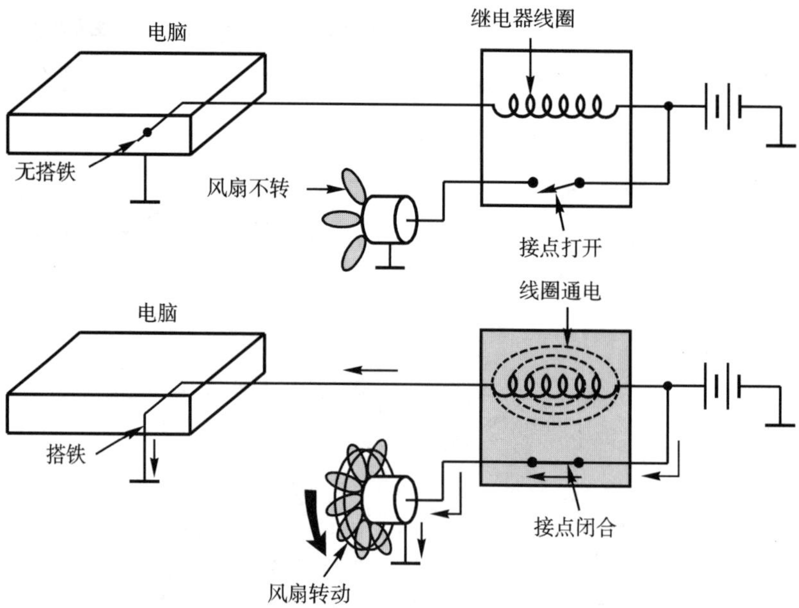

图 2.35　继电器式执行器的作用(Auto Electricity, Electronics, Computers, JAMES E. DUFFY)

课后测评

一、是非题（是打√、非打X）

(　)1.俗称的电脑，也常称为微处理器或电子控制单元等。

(　)2.为微电脑储存数据或程序的是印刷电路板。

(　)3.耗用功率在 5 W 以上的晶体管称为功率晶体管。

(　)4.将传感器产生的模拟信号转换为数字信号的是放大器。

(　)5.通常各种温度传感器都是产生模拟电压信号。

(　)6.脉冲(Pulse)的占空比是可变的。

(　)7.Duty Ratio 大时，对常闭型的控制阀而言，阀的开度会较小。

(　)8.高频率波形每秒钟的周期数比低频率波形多。

(　)9.低频率波形较陡峭，波形会迅速上升及下降。

(　)10.波形高度较高时，经转换器转换后的电压也较高。

(　)11.波形图形 ON-Time 在下，OFF-Time 在上时，表示该执行器是由电脑控制搭铁端。

(　)12.微处理器能接收并处理的信号为模拟电压信号。

(　)13.电源关掉后，存储器内的数据会丢失的，称为非挥发性存储器。

(　)14.KAM 是 ROM 的一种。

(　)15.部分 PROM 可从电脑上拆下更换。

(　)16.EEPROM 要改写数据时，必须从电脑的电路板上拆下。

(　)17.现代汽车电脑内有 EEPROM 芯片时，可利用网络、光盘或扫描仪直接更新芯片内的数据。

(　)18.大部分的传感器是送出模拟电压信号给电脑的。

(　)19.NTC 型感温电阻，温度上升时，电阻值也随之上升。

(　)20.磁电式传感器是属于被动传感器。

二、选择题

(　)1.依 SAE J1930 车辆电子术语标准，最新的发动机电脑称呼为 (A)PCM (B)CPU (C)ECM (D)BCM。

(　)2.稳压器提供的参考电压值通常约为 (A)2.5 V (B)5 V (C)7.5 V (D)10 V。

(　)3.PWM 的占空比是控制在 (A)100% (B)50% (C)0～100% (D)80%。

(　)4.完成一次循环所需的时间，称为 (A)振幅 (B)频率 (C)PWM (D)周期。

(　)5.在一个周期的时间中，ON 所占时间之比例，称为 (A)振幅 (B)频率 (C)

占空比 (D)脉冲。

( )6.若在一个周期中，ON所占时间为25 ms，OFF所占时间为15 ms，则占空比为 (A)37.5% (B)48.5% (C)62.5% (D)100%。

( )7.所谓频率高，是指 (A)振幅较大 (B)每秒钟的周期数多 (C)波峰距离较长 (D)波谷距离较长。

( )8.变化占空比的控制方法，称为 (A)PWM (B)振幅控制 (C)模拟/数字控制 (D)PCM。

( )9.通常所说电脑内的大脑，指的是 (A)定时器 (B)输入转换器 (C)输出转换器 (D)微处理器。

( )10.下述何项正确 (A)RAM为只读存储器 (B)ROM为读写存储器 (C)DRAM为ROM的一种 (D)KAM属于挥发性的RAM。

( )11.为临时储存数据之存储器，又称随机存取存储器的是 (A)ROM (B)RAM (C)PROM (D)EPROM。

( )12.下列哪种不是ROM的一种？ (A)KAM (B)EPROM (C)Flash (D)EEPROM。

( )13.不必拆下芯片，可直接输入数据的是 (A)KAM (B)EPROM (C)EEPROM (D)RAM。

( )14.利用紫外线更改存储器芯片内数据的是 (A)EEPROM (B)EPROM (C)KAM (D)NVRAM。

( )15.利用高电压更改存储器芯片内数据的是 (A)EEPROM (B)EPROM (C)KAM (D)NVRAM。

( )16.利用电流更改存储器芯片内数据的是 (A)NVRAM (B)PROM (C)KAM (D)Flash。

( )17.下列何种传感器不使用热敏电阻？ (A)加油踏板位置 (B)柴油温度 (C)进气温度 (D)机油温度 传感器。

( )18.下列哪种不是主动式传感器？ (A)空气温度 (B)氧 (C)磁电式 (D)爆震传感器。

( )19.下列哪种不是被动传感器？ (A)可变电容式 (B)可变电阻式 (C)霍尔效应式 (D)电位计式 传感器。

( )20.下列哪种不属于执行器的一种？ (A)电磁阀式 (B)电位计式 (C)继电器式 (D)伺服电机式。

三、问答题

1. 电脑是由哪些零件所组成？
2. 何谓放大器？

3. 何谓转换器？
4. 试述稳压器的作用。
5. 试述放大器的作用。
6. 何谓模拟电压信号？
7. 利用脉冲宽度调节方法，常用以控制何处执行器？
8. 何谓占空比？
9. 何谓频率？
10. 何谓振幅？
11. 何谓脉冲宽度调节？
12. 何谓噪声？为何会产生？如何解决？
13. 试述输出转换器的作用。
14. 以空燃比控制为例，试述微处理器的作用。
15. 何谓 RAM？如何作用？
16. 何谓 ROM？如何作用？
17. 何谓 KAM？有何特性？
18. 何谓 PROM？内部有何特殊数据？
19. 何谓 EPROM？如何抹除其内部数据？
20. 何谓 EEPROM？有何特点？
21. 何谓可变电阻式传感器？
22. 何谓磁电式传感器？
23. 常用的主动式传感器有哪些？
24. 常用的被动传感器有哪些？
25. 执行器有哪些形式？

CHAPTER 3

Modern of Diesel Engine DEVICE

Bosch 共轨式柴油喷射系统

3.1 Bosch 共轨式柴油喷射系统

3.1.1 概 述

一、Bosch 采用柴油喷射系统的种类

Bosch 采用的柴油喷射系统的种类：
- 直列式柴油喷射泵(In-Line Fuel-Injection Pump)系统
- 分配式柴油喷射泵(Distributor Fuel-Injection Pump)系统
- 单柱塞柴油喷射泵(Single-Plunger Fuel-Injection Pump)系统
- 高压储油式喷射系统(Accumulator Injection System)

1.直列式柴油喷射泵

(1)PE标准型直列式燃油喷射泵(PE Standard In-Line Fuel-Injection Pump)：为最常见的一种喷射泵，它通过柱塞上不同的螺旋位置控制喷油量，其齿杆由机械式调速器控制，而现代汽车由电子执行器(Electric Actuator)控制。它使用普遍，从小客车至潜艇等都有采用。

(2)控制套直列式燃油喷射泵(Control-Sleeve In-Line Fuel-Injection Pump)：有一控制套在柱塞本体上下滑动，与PE型比较，在喷油量与喷射正时控制上较方便。

2.分配式柴油喷射泵

(1)轴向活塞分配式喷射泵(Axial-Piston Distributor Pump)：只有一个轴向活塞用于泵油、配油等，移动控制套(Control Collar)用于改变喷油量。该类型喷射泵以 VE 型为代表，可用于大、中、小型车。

(2)径向活塞分配式喷射泵(Radial-Piston Distributor Pump)：在分配器轴(Distributor Shaft)内有 2～4 个径向活塞，与凸轮环(Cam Ring)组合为高压泵，以产生高压油及送油，喷油量则由高压电磁阀(High-Pressure Solenoid Valve)控制。该类型喷射泵以 VR 型为代表，主要用于小型车。

3.单柱塞燃油喷射泵

(1) PF 单柱塞式喷射泵(PF Single-Plunger Pumps)：用于小型（紧凑型）发电机的起动机、大客车、柴油火车与潜艇等。

(2)整体式喷油器(Unit Injector，UI)：又称UIS(Unit Injector System)，它是将喷射泵与喷油嘴组合在一起，每缸一个装在汽缸盖上，由发动机凸轮轴直接或间接驱动。由于省略了高压油管，其喷射压力可达 200MPa，用于小型（紧凑型）车与大型载货车、客车、拖车。

(3)单体泵(Unit Pump，UP)：又称UPS(Unit Pump System)，每缸有一个泵，

由发动机凸轮轴驱动，泵与喷油嘴总成间以一短高压油管连接，用于大型载货车、大客车、柴油火车、轮船。

4.高压储油式喷射系统：即共轨(Common Rail，CR)式喷射系统，为目前采用最普遍的系统，用于小型（紧凑型）车、中型车、大型车、柴油火车、轮船、潜艇。

5.如图 3.1 所示，为 Bosch 各种喷射系统的应用。

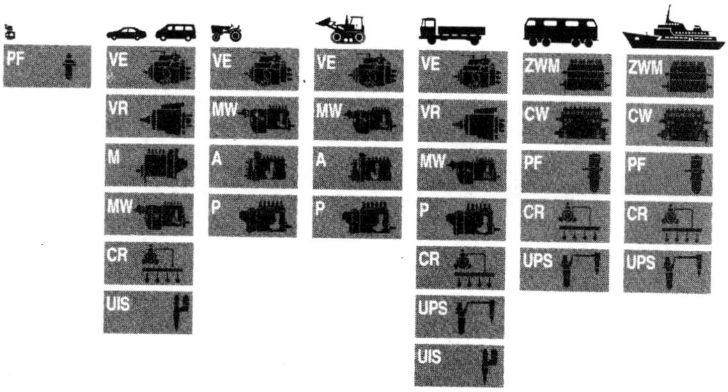

图 3.1 Bosch 各种喷射系统的应用(Technical Instruction, BOSCH)

6.如表 3.1 所示，为各种柴油喷射系统的规格，表中 EDC 为柴油机电子控制(Electronic Diesel Control)，MV 为装用电磁阀，m 为机械控制，e 为电脑控制，em 为电子机械式。

表 3.1 各种柴油喷射系统的规格(Technical Instruction, BOSCH)

柴油喷射系统的种类	喷射系统部分					发动机部分		
	每行程喷油量（cm^3）	最大喷射压力（MPa）	调速方式	喷射方式	预喷射，VE 结束喷射，NE	汽缸数	最高转速（min^{-1}）	每缸最大功率（kW）
直列式柴油喷射泵								
M	0.06	55	m，e	IDI	—	4~6	5000	20
A	0.12	75	m	DI/IDI	—	2~12	2800	27
MW	0.15	110	m	DI	—	4~8	2600	36
P 3000	0.25	95	m，e	DI	—	4~12	2600	45
P 7100	0.25	120	m，e	DI	—	4~12	2500	55
P 8000	0.25	130	m，e	DI	—	6~12	2500	55
P 8500	0.25	130	m，e	DI	—	4~12	2500	55
H 1	0.24	130	e	DI	—	6~8	2400	55
H 1000	0.25	135	e	DI	—	5~8	2200	70
轴向活塞分配式喷射泵								
VE	0.12	1200/350	m	DI/IDI	—	4~6	4500	25
VE-EDC	0.07	1200/350	e，em	DI/IDI	—	3~6	4200	25
VE-MV	0.07	1400/350	e，MV	DI/IDI	—	3~6	4500	25

续上表

柴油喷射系统的种类	喷射系统部分					发动机部分		
	每行程喷油量（cm^3）	最大喷射压力（MPa）	调速方式	喷射方式	预喷射，VE 结束喷射，NE	汽缸数	最高转速（min^{-1}）	每缸最大功率（kW）
径向活塞分配式喷射泵								
VR-MV	0.135	1700	e，MV	DI	—	4，6	4500	37
单柱塞喷射泵								
PF(R)	0.15～18.0	800～1500	m，em	DI/IDI	—	不定	300～2000	75～1000
UI 30(用于一般车辆)	0.16	1600	e，MV	DI	VE	8	3000	45
UI 31	0.3	1600	e，MV	DI	VE	8	3000	75
UI 32	0.4	1800	e，MV	DI	VE	8	3000	80
UI P1(用于小客车)	0.062	2000	e，MV	DI	VE	6	5000	25
UP 12(用于大型车)	0.1	1600	e，MV	DI	VE	8	4000	35
UP 20(用于大型车)	0.15	1800	e，MV	DI	VE	8	4000	70
UP(PF[R])	3.0	1400	e，MV	DI	—	6～20	1500	500
共轨喷射系统								
CR(第一代用于小客车)	0.1	1350	e，MV	DI	VE/NE	3～8	5000	30
CR(用于大型车)	0.4	1400	e，MV	DI	VE/NE	6～16	2800	200

注：1 kW = 1.34 hp = 1.36 ps。

二、共轨式柴油喷射系统的优点

1.在较佳省油性、较低污染气体排放及更低柴油发动机噪声的要求下，传统机械式调速的柴油喷射系统已无法达成目标，只有高喷射压力、精密出油率(Rate-of-Discharge)及精确的柴油喷油量计量的共轨式柴油喷射系统才能完成。

2.要达到越来越严格的排气与噪声标准，以及低燃油消耗的要求，必须特别着重于柴油燃烧程序(直接或非直接喷射)。同时为确保有效率的空气／柴油混合形成，喷射系统必须以35～200MPa 的压力将柴油喷入燃烧室中，柴油喷射量也必须非常精确地计量。

3.Bosch 在1927 年开始将直列式喷射泵系统应用在柴油发动机上，此系统目前仍广泛应用于各种大型和小型（紧凑型）商用柴油发动机、定置式柴油发动机与船用柴油发动机。但柴油发动机的发展，不但要求提高动力输出，且希望减低油耗、噪声与排放污染。目前Bosch使用在直喷式(Direct Injection，DI)柴油发动机上的共轨式喷射系统，比传统凸轮轴驱动的喷射系统，具有较佳的灵活性(Flexibility)，其优点为：

(1)**广泛的使用范围**。从小客车，每缸输出 30 kW 的轻型商用车，到每缸最大输出达 200kW 的重型车辆、火车、船用发动机等，都可采用共轨式喷射系统。

(2)**高喷射压力**。最高可达 140MPa(Bosch 第一代共轨式喷射系统的喷射压力为135MPa，第二代为 160MPa，第三代为 160～180MPa，第四代将达 200MPa以上)。

(3)**可变喷射开始(Variable Start of Injection)**。

⑷喷射时期可分引燃喷射(Pilot Injection)、主喷射(Main Injection)及后喷射(Post Injection)。

⑸依作用模式的变化，可配合供给不同的喷射压力。

三、基本构造与作用

1.共轨式的柴油喷射系统，油压产生与柴油喷射是互不相干的，油压产生与发动机转速及柴油喷射量也是无关的。高压柴油是储存在共轨中准备喷射，各缸喷油器是否喷油，是由 ECU 控制喷油器电磁阀的作用而决定。

2.如图 3.2 所示，为共轨式柴油喷射系统的基本构造，包括计测发动机转速的曲轴转速传感器(Crankshaft Speed Sensor)，决定爆发顺序的凸轮轴转速传感器(Camshaft Speed Sensor)，使用电位计将加油踏板踩踏量信号送给 ECU 的加速踏板传感器(Accelerator Pedal Sensor)，以及空气质量计(Air Mass Meter)、冷却水温度传感器与 ECU 等。

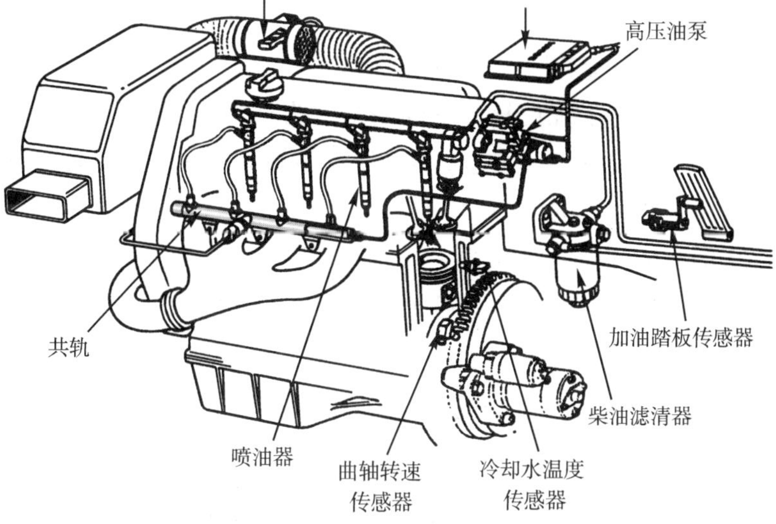

图 3.2　Bosch 共轨式柴油喷射系统的基本构造(Technical Instruction, BOSCH)

3.其基本作用为在正确的油压下，于正确时间，喷射正确的柴油量。

四、喷射特性

1.传统式柴油喷射系统的喷射特性

⑴采用传统直列式及分配式柴油喷射系统的发动机，只有主喷射，无引燃喷射及后喷射，如图 3.3 所示。但由电磁阀控制的分配式喷射系统较先进，具有引燃喷射作用。

⑵传统式柴油喷射系统，因凸轮及柱塞的动作，产生油压与柴油喷射具有连带关系。对喷射特性有下列的影响：

①当发动机转速升高及喷油量增加时，喷射压力变高。

②实际喷射过程中，喷射压力逐渐增加，但随着喷射结束，油压迅速下降。

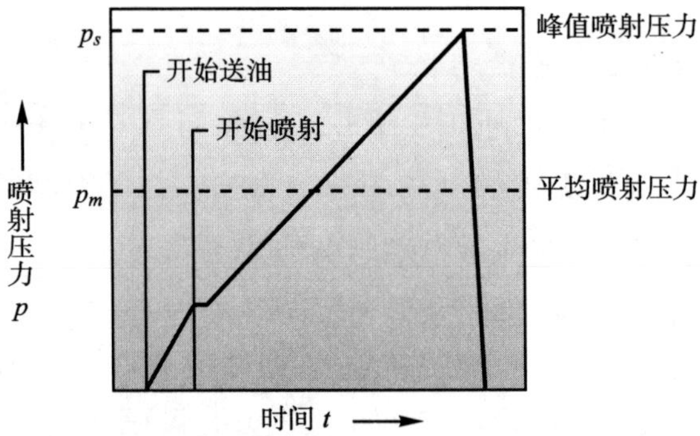

图 3.3 传统式柴油喷射系统的喷射特性(Technical Instruction, BOSCH)

⑶其产生的结果为：

①较低油压时喷油量较少。

②峰值压力(Peak Pressure)比平均压力大两倍以上。

2.共轨式柴油喷射系统的喷射特性

⑴与传统式柴油喷射系统比较，下列的要求为理想的喷射特性。

①产生油压与柴油喷射各自独立，且可与发动机任一作用状况配合，故可提供更高的自由度，以达到理想的空燃比。

②喷射初期喷油量可极少量喷射。

⑵如图 3.4 所示，共轨式以其引燃喷射与主喷射的特色，可符合上述的喷射特性。

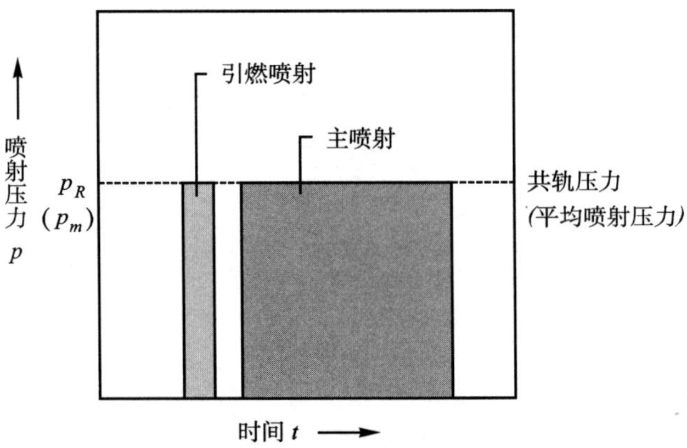

图 3.4 共轨式柴油喷射系统的喷射特性(Technical Instruction, BOSCH)

⑶引燃喷射：

①引燃喷射可提前达 90°BTDC，若提前少于 40°BTDC，则柴油可能堆积在活塞顶面及汽缸壁上，造成机油冲淡。

②引燃喷射时，约1～4 mm³的柴油喷入燃烧室中，由于燃烧效率改善，故可达到以下的效果。

❶因部分柴油燃烧，使压缩压力稍微增加。

❷减少主喷射时柴油的着火延迟。

❸减低燃烧压力上升及减少峰值燃烧压力。

③以上的效果，可使燃烧噪声降低，减少柴油消耗及减低排气污染。

④如图3.5所示，为无引燃喷射的汽缸压力曲线图，在TDC前，可明显看出压力曲线和缓上升，随着主喷射后，压力陡升，此种陡峭的升高压力与尖锐的峰值，会造成柴油发动机的燃烧噪声。h_M为主喷射时的针阀升程(Needle Lift)。

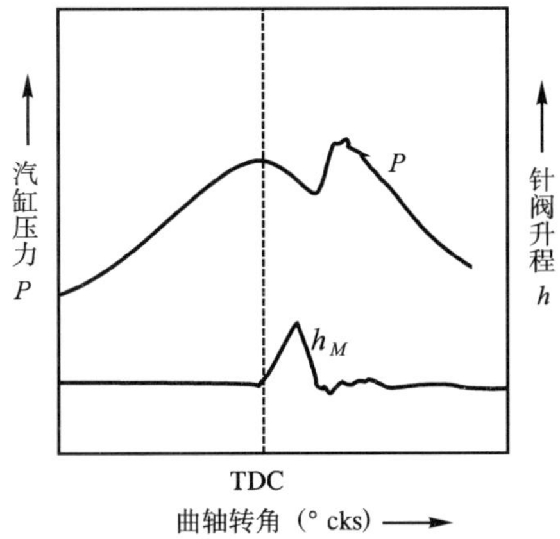

图3.5　无引燃喷射的汽缸压力曲线(Technical Instruction, BOSCH)

⑤而如图3.6所示，为具引燃喷射的汽缸压力曲线图，在TDC附近，压力达某一高值，随着主喷射后，燃烧压力升高比较没有那么迅速。由于着火迟延缩短，引燃喷射的作用，对发动机转矩的提升也有助益。

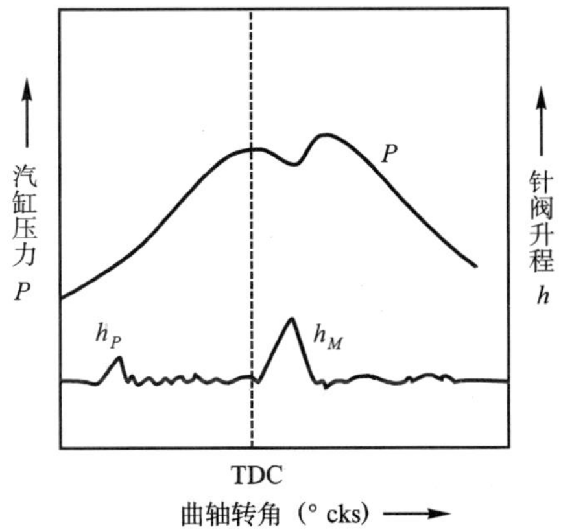

图3.6　有引燃喷射的汽缸压力曲线(Technical Instruction, BOSCH)

⑷主喷射：发动机的转矩输出，主要是靠主喷射。以共轨式喷射系统而言，在整个喷射过程中，喷射压力是一直保持一定的。

⑸二次喷射(Secondary Injection)：

①某些形式发动机装有NO_x催化转化器时，可利用二次喷射，以减少NO_x。

②二次喷射发生在排气行程，上止点后可达200°，喷出精密计量的柴油于排气中，吸热雾化，不但可减少产生NO_x，且混合气从排气门排出后，部分气体经EGR系统回流至燃烧室，具有如引燃喷射般的效果。

3.1.2 Bosch共轨式柴油喷射系统的构造与作用

一、燃油系统各零件的构造与作用

1.Bosch共轨式燃油系统的组成，如图3.7所示，是由低压油路零件、高压油路零件及ECU等所构成。

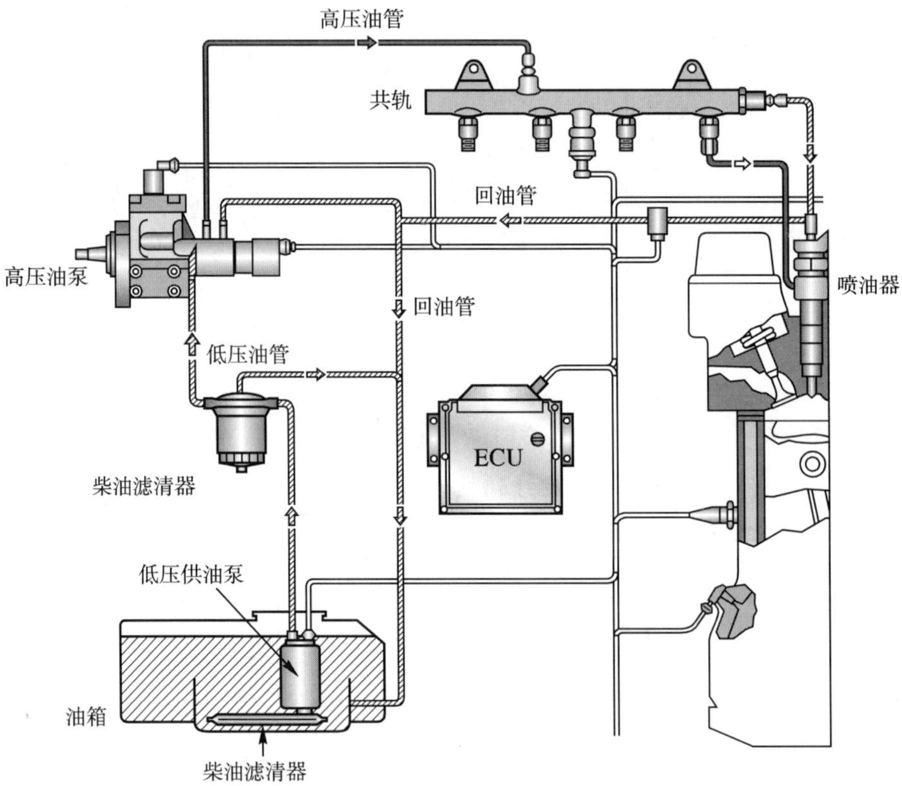

图3.7 Bosch共轨式燃料系统的组成(Technical Instruction, BOSCH)

2.低压油路各零件的构造与作用

⑴燃油泵(Presupply Pump)

低压供油泵的种类
- 滚柱(Roller-Cell)式
- 齿轮(Gear)式

⑵滚柱式燃油泵

①滚柱式燃油泵为电动式，仅用于小客车或轻型商用车辆，可装在油箱内(In-Tank)或油箱外低压油管上；并有如汽油喷射发动机般的安全电路，当发动机停止运转，而起动开关在ON位置时，电动燃油泵停止运转。

②图 3.8 所示为滚柱式燃油泵的构造与作用，当出油端压力过高时，将压力限制阀（限压阀）(Pressure Limiter Valve)推开，使过多的柴油回到进油端。

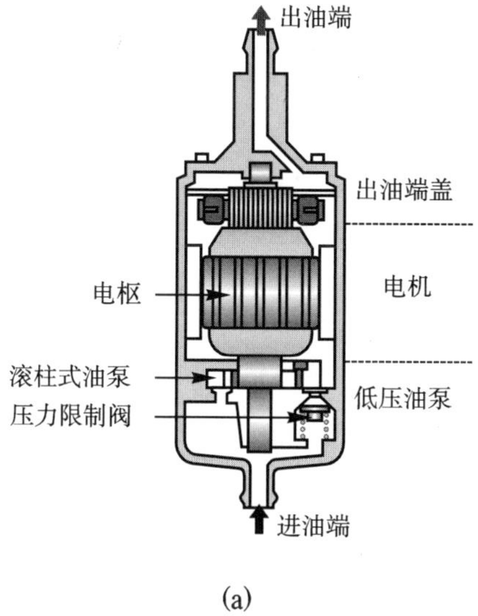

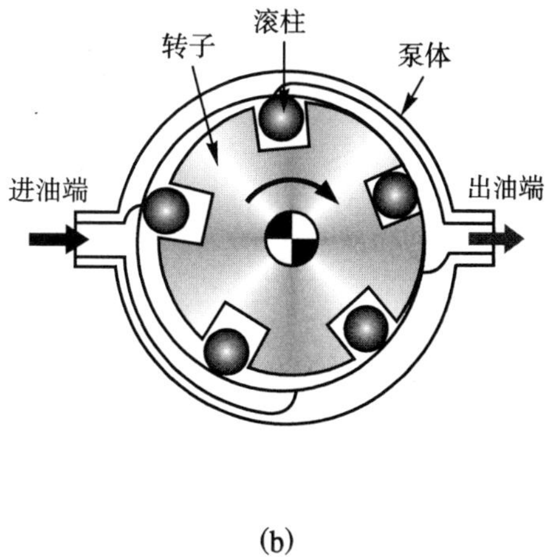

图 3.8 滚柱式燃油泵的构造与作用(Technical Instruction, BOSCH)

⑶齿轮式燃油泵

①齿轮式燃油泵为机械式，用在小客车、商用车辆及越野车辆。可与高压泵组合在一起，或由发动机直接驱动。

②图 3.9 所示为齿轮式燃油泵的构造与作用。齿轮式燃油泵的送油量与发动机转速成正比，因此必须在压力端设溢流阀(Overflow Valve)；另外必须在齿轮式燃油泵或低压管路上设手动泵，以排除低压管路内的空气。

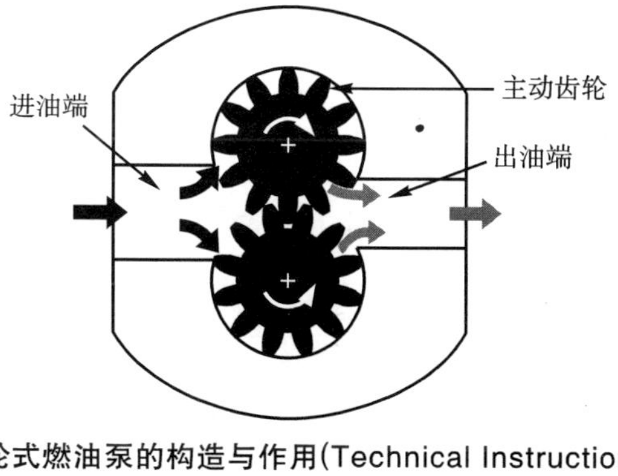

图 3.9 齿轮式燃油泵的构造与作用(Technical Instruction, BOSCH)

⑷柴油滤清器

①柴油中的杂质，可能导致泵零件、出油阀及喷油嘴等的磨损；另外柴油中含水，可能变成乳状物或因温度变化而凝结，若水进入喷射系统，则可能导致零件锈蚀。

②与其他喷射系统相同，共轨式喷射系统也需要附有水分储存室的柴油滤清器，如图 3.10 所示，必须定期打开放水螺钉放水。现在越来越多的小客车用柴油发动机设有自动警告装置，当必须泄放柴油滤清器内的水分时，警告灯会点亮。

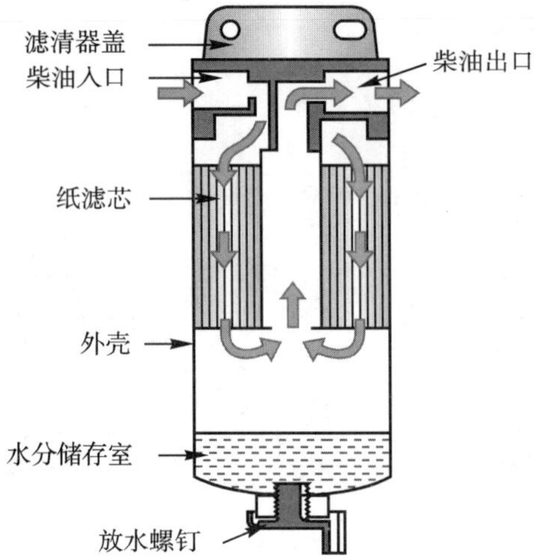

图 3.10　柴油滤清器的构造(Technical Instruction, BOSCH)

3.高压油路各零件的构造与作用

⑴组成高压油路的各零件，包括高压油泵(High-Pressure Pump)、油压控制阀(Pressure-Control Valve)、高压储油器(High-Pressure Accumulator，即共轨Rail)、共轨油压传感器(Rail-Pressure Sensor)、压力限制阀(Pressure Limiter Valve)、流量限制器(Flow Limiter)及喷油器(Injectors)，如图 3.11 所示。

⑵高压泵

①**高压泵负责将低压柴油转变成可达 135MPa 的高压柴油，送入共轨内**；在所有发动机作用状态下，均能提供足够的高压柴油，并能提供额外柴油以供迅速起动用，以及能够快速建立起共轨内的压力。

②高压泵的构造，如图 3.12 所示为其纵断面，图 3.13 所示为其横断面，由三组辐射状排列的柱塞组所组成。驱动轴一转，有三次排气行程，油压连续且稳定；驱动轴转矩为 16 N.m，只有分配式喷射泵的 1/9，相当省力。

③高压泵由发动机以联结器(Coupling)、齿轮、链条或皮带传动，转速为发动机的 1/2，由柴油润滑泵内零件。

④高压泵的作用

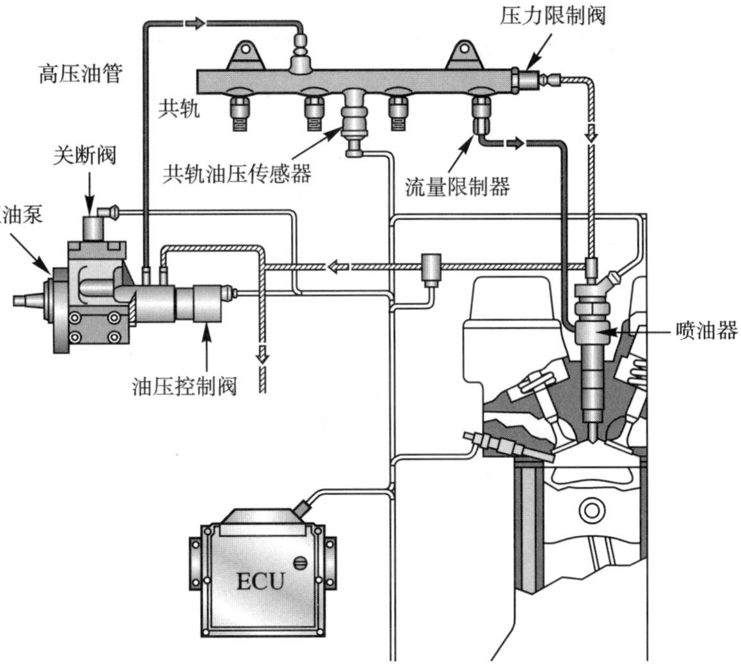

图 3.11　组成高压泵油路的各零件(Technical Instruction, BOSCH)

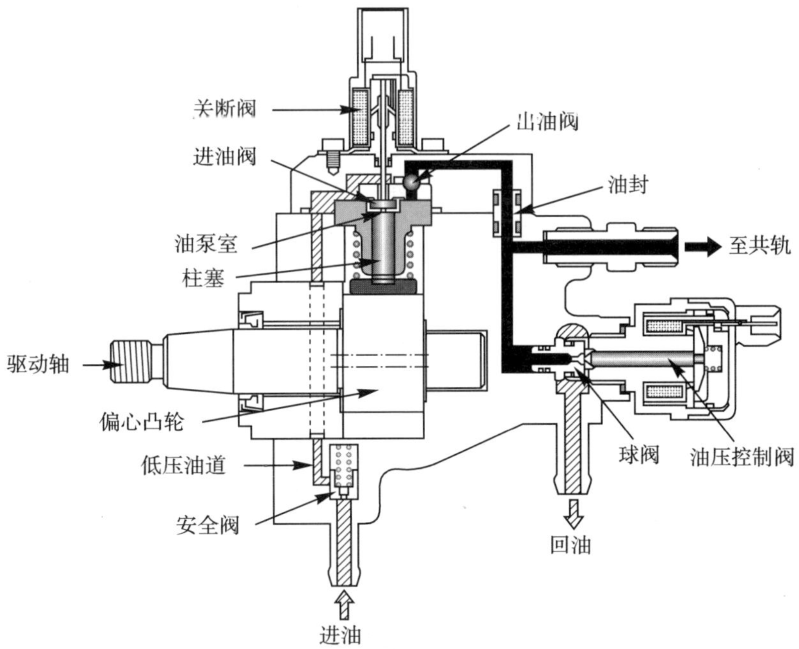

图 3.12　高压泵的纵断面构造(Technical Instruction, BOSCH)

❶如图 3.11 所示，燃油泵送来约（0.5～1.5）× 10^5Pa 的低压柴油，从柴油入口，经安全阀(Safety Valve)，进入低压油道，再经进气阀(Suction Valve)，送入正在下行柱塞的上方，此时为吸气行程(Suction Stroke)。

❷当柱塞过了BDC上行时，进气阀关闭，油压升高，推开出油阀(Outlet Valve)，将柴油送往共轨，直到柱塞抵达TDC，此时为排气行程(Delivery Stroke)。

❸由于高压泵是设计用来大量送油用，因此在怠速及部分负荷时送油量会过多，造成动力损耗与柴油温度升高，因此如图3.13所示，在三组柱塞的其中一组设有关断阀(Shutoff Valve)，当共轨不需要送入太多柴油时，关断阀ON，阀中央的销杆将进气阀推开，使该组柱塞无送油作用，柴油被压回低压油道中。

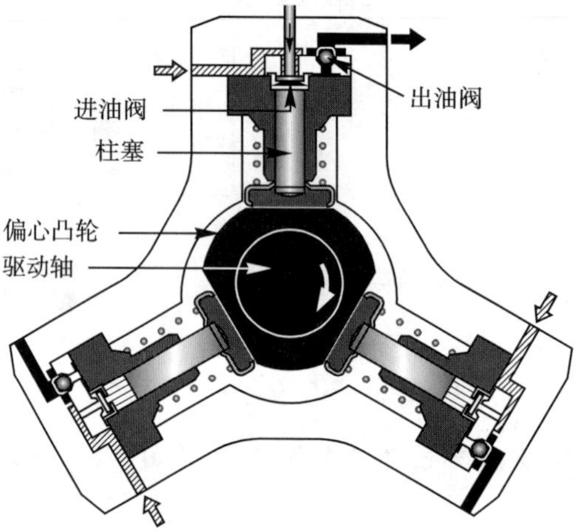

图3.13　高压泵的横断面构造(Technical Instruction, BOSCH)

⑶油压控制阀

①**用以保持共轨内正确的油压。**

②油压控制阀的构造，如图3.14所示，用以分隔高压及低压端。施加在电枢(Armature)的力有两个，一为弹簧力，一为电磁力。为了润滑及冷却，整个电枢是永久浸泡在柴油中。

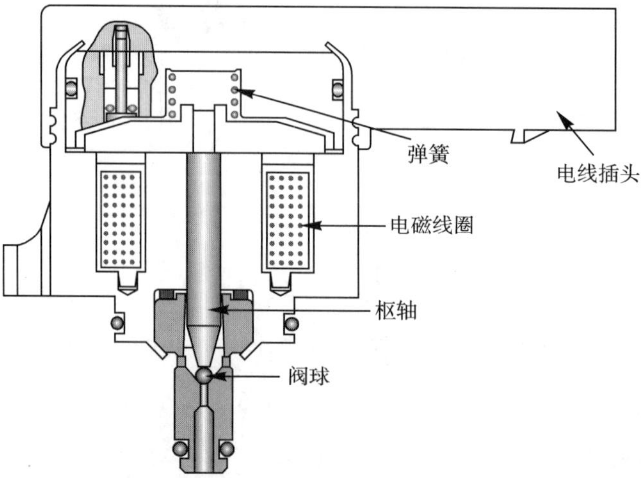

图3.14　油压控制阀的构造(Technical Instruction, BOSCH)

③油压控制阀的作用：

❶不通电时：只要油压超过弹簧力，油压控制阀即打开，且依送油量大小，会保持一定之开度。弹簧力的设定，使油压可达 10MPa。

❷通电时：当共轨内压力必须提高时，油压控制阀通电，弹簧力加上电磁力，使送油压力提高。要改变送油量或送油压力，可由脉冲宽度调节(Pulse Width Modulation，PWM)方式改变电流量，以产生不同的电磁力来变化操作，通常 1 kHz的脉动频率就足以阻止枢轴移动。

⑷共轨

①共轨内的油压应随时保持一定，以确保当喷油器打开的瞬间，喷射压力能维持一定值。

②如图 3.15 所示，共轨的构造，为一长形储油管，经流量限制器，将高压柴油送往各缸喷油器。共轨上装有油压传感器、压力限制阀（限压阀）及流量限制器。

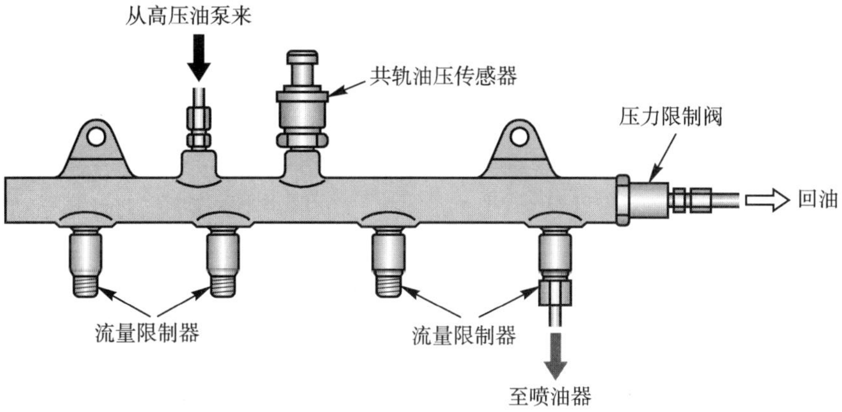

图 3.15　共轨的构造(Technical Instruction, BOSCH)

⑸共轨油压传感器

①共轨油压传感器必须迅速、精确监测共轨内瞬间的压力变化，将电压信号送给 ECU，以调节适当的油压。

②共轨油压传感器的构造，如图 3.16 所示，膜片上的传感元件(Sensor Element)为半导体装置(Semiconductor Device)，可将压力转变为电子信号，经评价计算电路(Evaluation Circuit)放大后送给 ECU。

③共轨油压传感器的作用

❶当膜片因油压而变形时，半导体装置的变化范围从 0~70 mV，再由计算电路放大为 0.5~4.5 V。

❷压力 150MPa 时膜片的变形量约 1 mm，计测精度为±2%。

❸若共轨油压传感器失效时，ECU 会以紧急功能及固定值(即 Limp-Home 模式)控制油压控制阀作用，使车辆可开回修理厂。

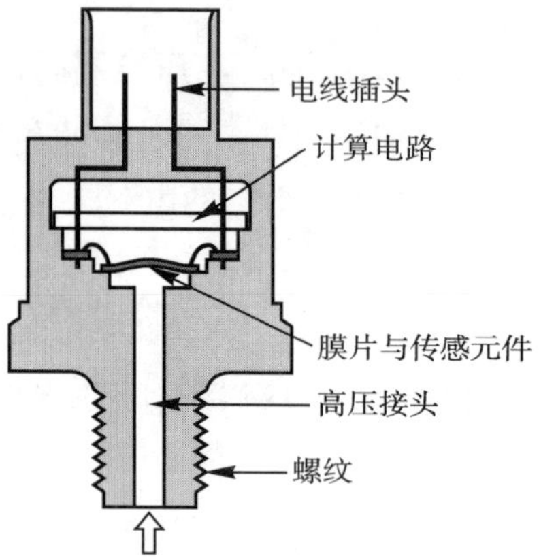

图 3.16 共轨油压传感器的构造(Technical Instruction, BOSCH)

⑹压力限制阀（限压阀）

①**打开通道，以限制共轨内的最大压力**，功用与过压阀(Overpressure Valve)相同。压力限制阀（限压阀）允许共轨内压力短时间内达到 150MPa。

②压力限制阀的构造，如图 3.17 所示，由锥形限制阀、柱塞及弹簧等组成。

③在正常作用压力约 135MPa 时，锥形阀关闭；当系统超过最大压力时，锥形阀打开，柴油流回油箱。

⑺流量限制器

①在喷油器持续永久打开的异常状况下，为防止喷油器连续喷射，**当流出共轨的柴油量超过一定值时，流量限制器会关闭送往喷油器的通道。**

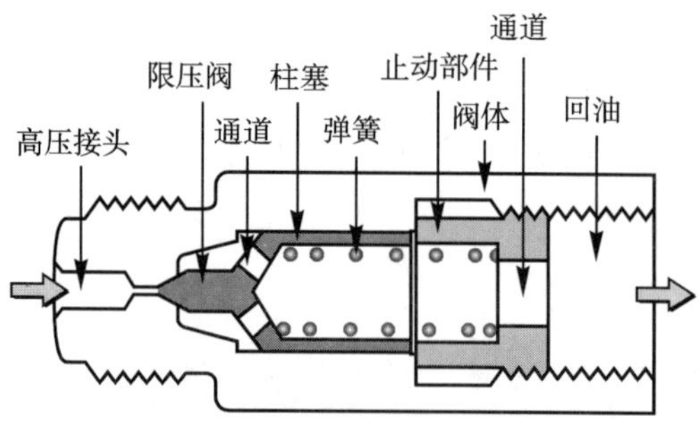

图 3.17 压力限制阀的构造(Technical Instruction, BOSCH)

②流量限制器的构造，如图 3.18 所示，在限制器内的柱塞被弹簧推向共轨端，外壳内壁(Housing Walls)被柱塞封闭时，柱塞中央的纵向通道可连通油压，不过纵向通道下端的内径变小，如同喉管般的作用，可精密限制柴油的流速。

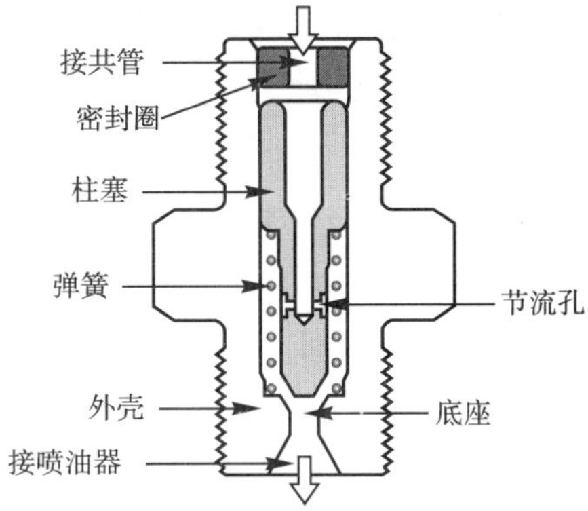

图 3.18　流量限制器的构造(Technical Instruction, BOSCH)

③流量限制器的作用

❶正常作用时：柱塞在其行程上方，当柴油喷射时，喷油器端喷射压力的降低，使柱塞向下移，通过柱塞位移，使柴油由共轨流出，以补偿柴油容积；当喷射末期时，柱塞在底座(Seat)上方，并没有将出口完全封闭；接着弹簧将柱塞再向上推至定位，等待下一次喷射，此时柴油能从喉管处流动。

❷大量泄漏(Leakage)时：由于大量柴油流出共轨，流量限制器内柱塞被压向下顶住底座，以阻止柴油送往喷油器。

❸轻微泄漏时：如图 3.19 所示，由于漏油量的关系，柱塞不在行程的上方；在经过一段时间的喷射后，柱塞移至下方保持固定，直到发动机熄火。

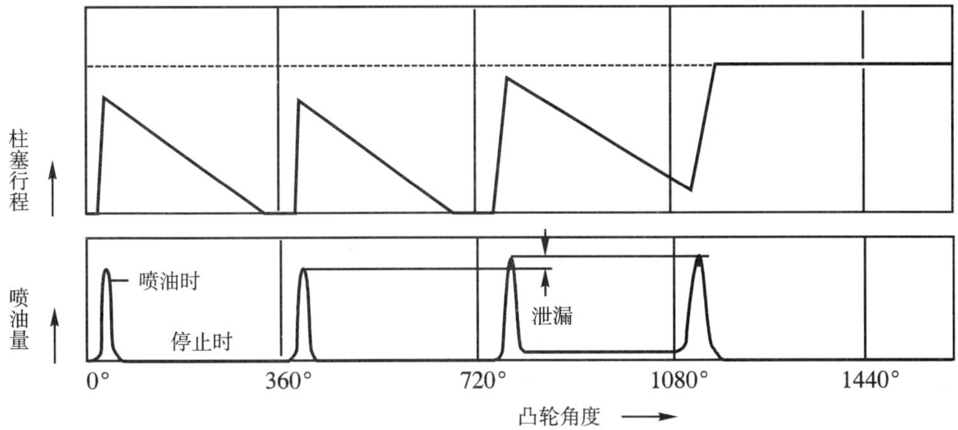

图 3.19　正常与轻微泄漏时的流量限制器作用(Technical Instruction, BOSCH)

(8)喷油器

①与直接喷射柴油发动机喷油器的固定方法相同，是以卡箍(Clamps)定位，因此共轨式喷射系统的喷油器可直接装在现有 DI 系统的汽缸盖上，不需要做大幅度的修改。

②喷油器的构造

❶如图 3.20 所示，依功能的不同，可分为孔式喷油嘴(Hole-Type Nozzle)、液压伺服系统(Hydraulic Servo System)与电磁阀(Solenoid Valve)三部分。

❷柴油从高压接头进入喷油嘴油道，也经进油孔(Feed Orifice)进入控制油腔(Control Chamber)，控制油腔内的柴油，经由电磁阀控制打开的泄油孔(Bleed Orifice)，与回油道相通。

❸当泄油孔出口被阀球(Valve Ball)封闭时，油压作用在控制柱塞(Control Plunger)上，加上弹簧压力，使针阀压紧在座上，此时不喷油。

❹当电磁阀通电时，泄油孔出口打开，使控制油腔内油压下降，因此控制柱塞向上，使喷油孔打开，柴油喷入燃烧室中。

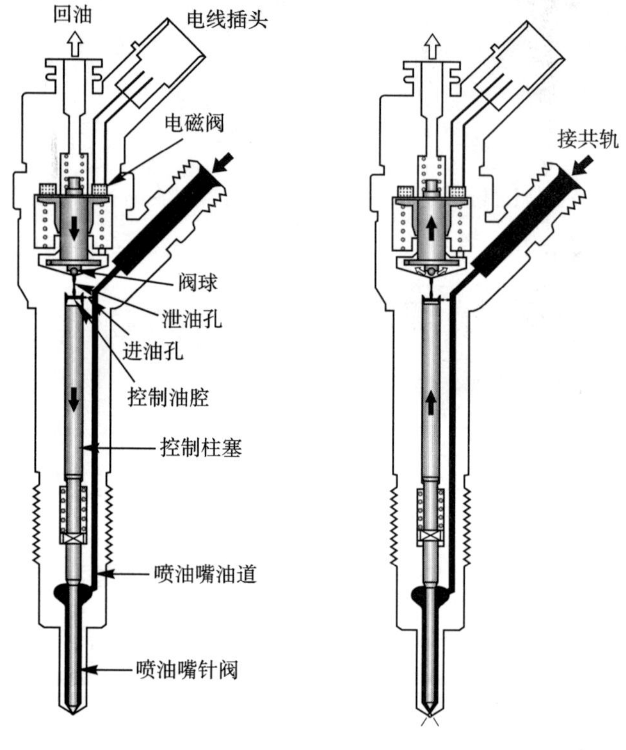

(a) 不喷油时　　(b) 喷油时

图 3.20　喷油器的构造与作用(Technical Instruction, BOSCH)

③喷油器的作用，可分成四个作用状态

❶喷油嘴关闭状态：如图 3.20(a)所示，电磁阀不通电，阀弹簧将阀球压紧在泄油孔座上，泄油孔被封闭；共轨油压进入喷油嘴油道，针阀(Needle)底端，也进入控制油腔，控制油腔油压加上弹簧力，力量大于针阀底端的压力，故控制柱塞向下，喷油嘴在关闭状态。

❷喷油嘴刚开状态：如图 3.20(b)所示，当电流送入电磁线圈，电磁力大于阀弹簧弹力，故阀轴(Armature)迅速上移，阀球打开泄油孔出口，几乎就在全开的瞬间，电流值降为保持所需电磁力。由于控制油腔压力降低，针阀底端油压高于控制柱塞上方油压，故针阀上移，喷油嘴打开，开始喷油作用。

❸喷油嘴全开状态：针阀向上打开的速度，取决于进油孔与泄油孔流速(Flow Rate)的差异。针阀升至最高点时，喷油嘴全开，此时的喷射压力与共轨内的压力几乎相同。

❹喷油嘴关闭状态：当电磁阀断电时，阀球关闭泄油孔出口，控制柱塞再度下移，喷油嘴关闭。针阀关闭的速度，取决于进油孔的流动率。

④Bosch第一代共轨式喷油嘴的喷射压力能做大幅度的变化，从怠速的25MPa，到一般转速时的135MPa，喷油量是由电磁阀持续打开的时间与喷射压力的大小来决定。

二、柴油机电子控制系统

1.共轨式喷射装置的柴油机电子控制(Electronic Diesel Control，EDC)系统，是由传感器(Sensors)、ECU及执行器(Actuators)三部分所组成，如图3.21所示。此控制系统的构造及作用，与汽油发动机采用的零件很多都是相同的，本节仅做必要及不同部分的说明。

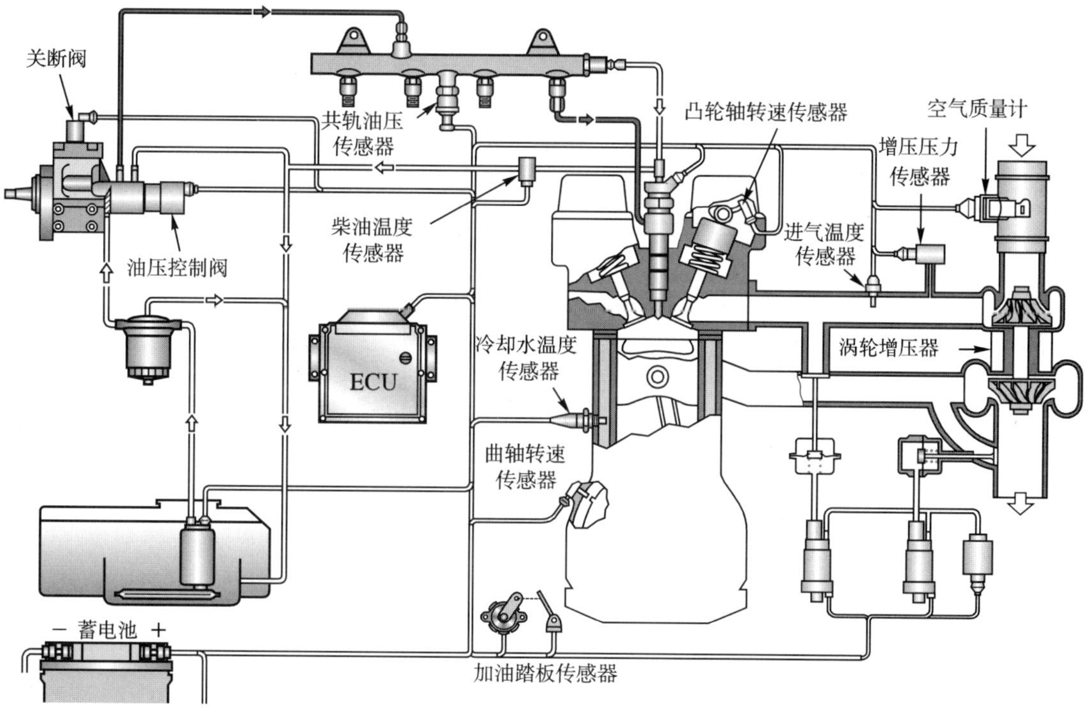

图3.21 柴油机电子控制系统的组成(Technical Instruction, BOSCH)

2.传感器

(1)曲轴转速传感器：采用磁电式，以测定发动机转速。

(2)凸轮轴转速传感器：采用霍尔式，通知ECU第一缸已达压缩行程上止点。

(3)各种温度传感器：采用负温度系数(Negative Temperature Coefficient，NTC)电阻，用以测定发动机冷却水温度、进气温度、机油温度及回油管内的柴油温度。

(4)热膜式空气流量计(Hot-Film Air-Mass Meter)：其计测作用完全不受脉动

(Pulsation)、逆回气流(Reverse Flow)、EGR、可变凸轮轴控制(Variable Camshaft Control)及进气温度变化的影响。

⑸加速踏板传感器(Accelerator-Pedal Sensor)：传感器内电位计提供不同电压信号给 ECU，为线控驱动(Drive-By-Wire)的形式。

⑹增压压力传感器(Boost-Pressure Sensor)：装在进气管上，以监测进气管内(0.5～3.0)× 10^5Pa 的绝对压力变化。传感器膜片表面上有压阻(Piezoresistive)式电阻器并以电桥电路方式连接，当不同压力加在膜片而变形时，电阻值发生改变，微小电压值由计算电路(Evaluation Circuit)放大后送给ECU，即可知道增压压力的大小。

3.ECU

⑴由于 Bosch 公司仍习惯以 ECU 代表发动机电脑，故本节中仍以 ECU 称之，而不称为 ECM 或 PCM。

⑵发动机起动时，由水温与发动机转速信号来决定喷油量；当车辆在行驶时，则主要是由加速踏板传感器信号与发动机转速信号来决定喷油量。

⑶ ECU 的信号处理

①开关、霍尔转速传感器等数字电压信号，可直接由微处理器处理，如图3.22所示。

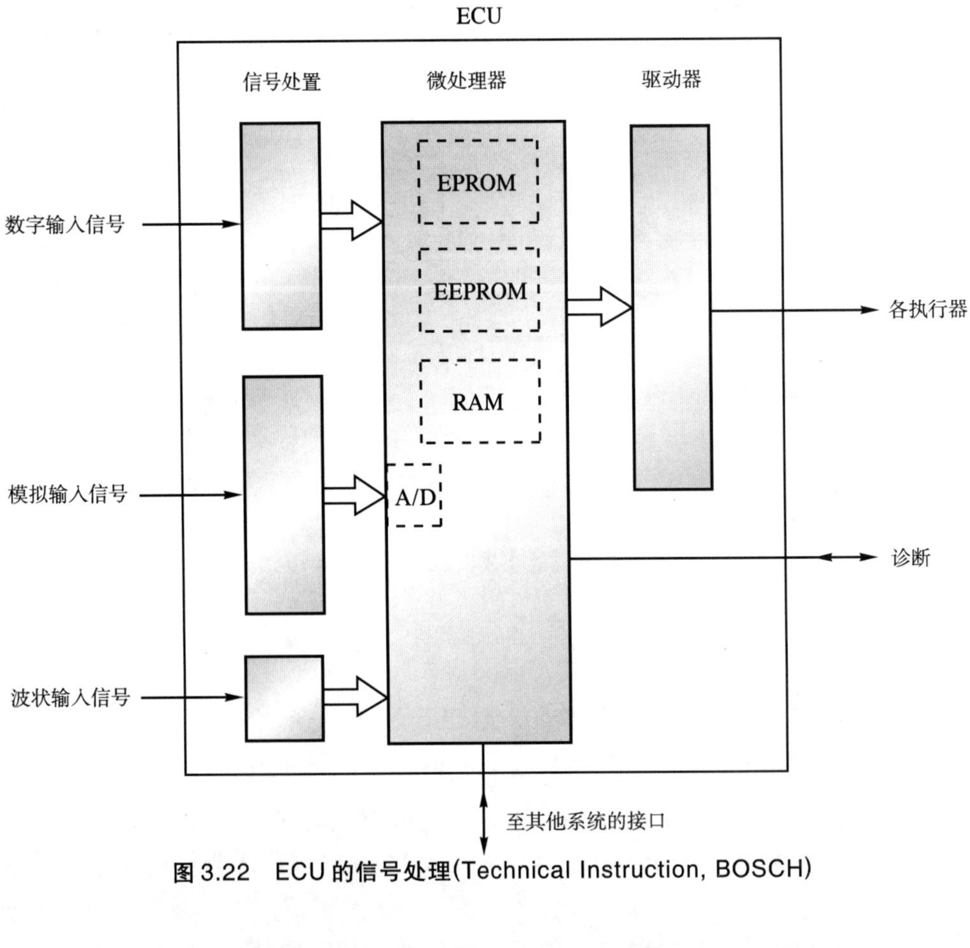

图 3.22　ECU 的信号处理(Technical Instruction, BOSCH)

②空气流量计、水温传感器、进气温度传感器、蓄电池电压等模拟电压信号，经 A/D 转换器转换为数字信号后，由微处理器处理。

③为了抑制由发动机转速及参考标记(Reference Mark)等感应(Induction)式传感器，如磁电传感器等，所产生的脉冲整形(Pulse-Shaped)信号受到干扰，信号是由 ECU 内特殊电路处理，并转换成方波(Square-Wave)形式。

④**由于微处理器内有 EEPROM 存储器，故能在制造汽车的最后阶段，再将完整数据输入，可减少生产多种不同形式的电脑。**

(4) ECU 进行的其他控制

①怠速转速控制(Idle-Speed Control)：除维持最低怠速转速，以节省燃油外，在电器负载、空调压缩机运转、AT 入挡及操作动力转向时，为调节一定的怠速转速，利用怠速控制器(Idle Controller)改变柴油喷射量以达到目的。

②平滑运转控制(Smooth-Running Control)

❶由于机械磨损的关系，发动机各缸产生的转矩会有差异，而导致运转不稳定，尤其是在怠速时。

❷**平滑运转控制，就是测量汽缸爆发时的转速变化，且各缸间做比较，依此而调节各缸喷油量，使产生的转矩相同**。此控制仅在较低发动机转速范围内才有作用。

③车速控制器(Vehicle-Speed Controller)

❶即巡航控制(Cruise Control)，也就是定速控制，驾驶操作仪表板上的开关，以控制车速，车速控制器增减喷油量直至实际车速等于设定车速。

❷当定速控制作用时，若驾驶踩下离合器或制动踏板，则控制程序会被中断；若加油踏板再踩下，车速提高到先前的设定值后松开加速踏板，车速会调节回复到原先的设定。若定速控制被关闭，则驾驶仅需按下恢复键(Reactivate Key)，即可重新选择上一次的设定值。

④主动式转速波动阻尼控制(Active Surge-Damping Control)

❶当加油踏板突然踩下或释放时，由于喷油量的迅速变化，导致发动机输出转矩也发生急剧改变，此种**突然的负荷变化所造成的发动机支架的振动及气门传动系统的抖动，会导致发动机转速的升降。**

❷如图 3.23 所示，本控制在上述的状况发生时改变喷油量，当转速上升时减少喷油量，当转速下降时增加喷油量，可有效缓冲转速波动的现象。

4.执行器（执行机构）

(1)喷油器。

(2)油压控制阀。

(3)预热塞控制单元(Glow Control Unit)：使冷起动作用确实有效，并可缩短暖车时间。

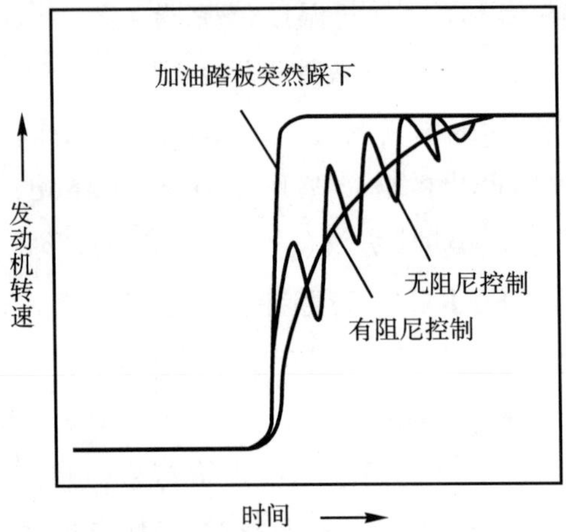

图 3.23　主动式转速波动阻尼控制作用(Technical Instruction, BOSCH)

⑷增压压力执行器（执行机构）(Boost-Pressure Actuator)

①如图 3.24 所示，当增压压力过高时，增压压力执行器作用，高压进入压力执行器(Pressure Actuator)，使泄压阀打开。

②采用可变涡轮几何(Variable Turbine Geometry，VTG)形式的增压器时，可改变涡轮叶片角度，以配合不同的增压压力变化，并可取代泄压阀。

⑸涡流控制器(Swirl Controller)：以往都是利用螺旋状(Spiral-Shaped)的进气道来得到涡流，**现在是在进气道安装活门(Flap)或滑动阀(Slide Valve)，以造成强烈的进气涡流。**

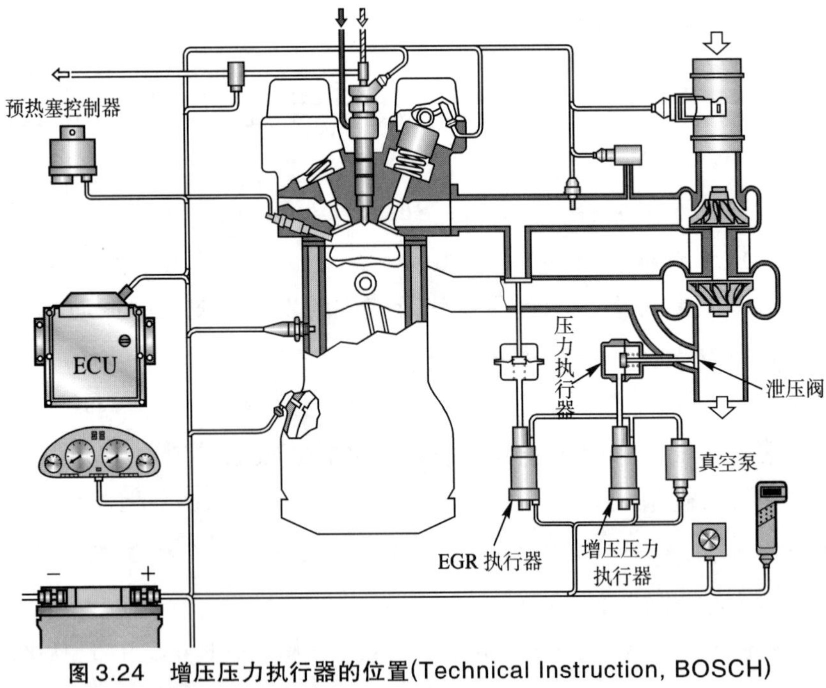

图 3.24　增压压力执行器的位置(Technical Instruction, BOSCH)

⑹ EGR 反馈放大器(EGR Positioner)

①如图 3.25(a)所示，EGR 反馈放大器作用，**当 EGR 比率(Rate)在 40%左右时，NO_x、HC 与 CO 的排出量均在理想范围内。**

②如图 3.25(b)所示，当EGR比率在40%时，黑烟的排放与燃油消耗率虽非在最低范围，但也在变化不大的范围内。

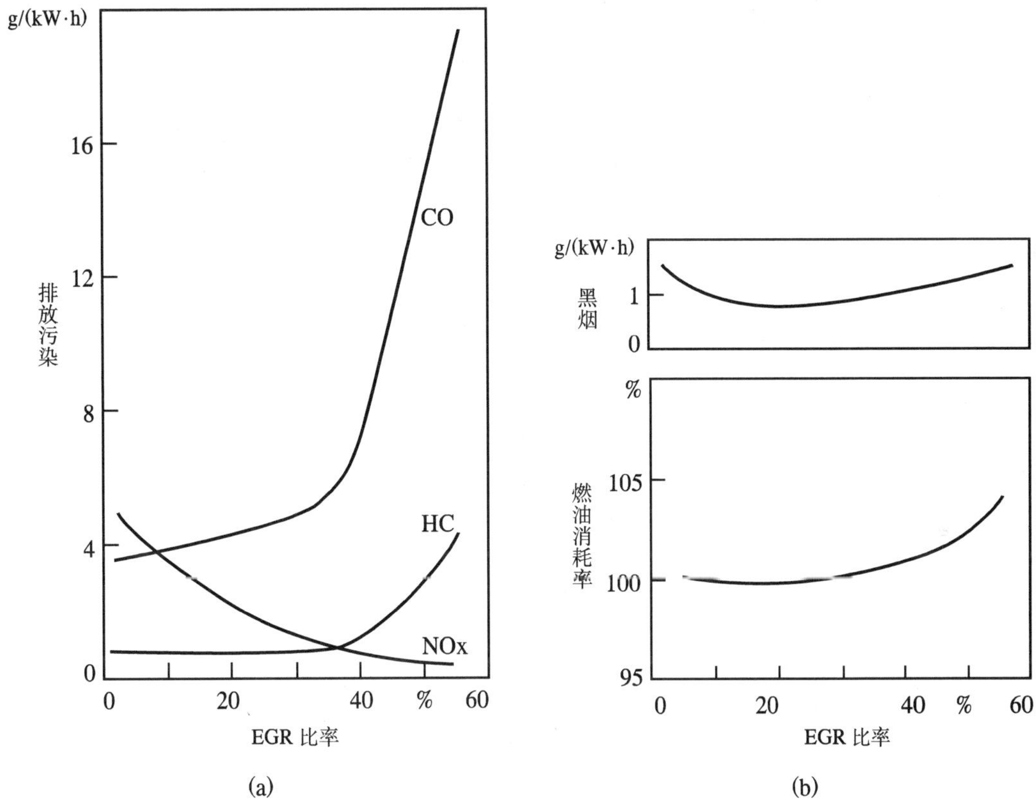

图 3.25　EGR 比率高低与排放污染、黑烟及燃油消耗率的关系(Technical Instruction, BOSCH)

3.2 Bosch 新型共轨式柴油喷射系统

一、Bosch 第一代共轨式柴油喷射系统(1997 年)

如上所述，为 Bosch 第一代共轨式柴油喷射系统的构造与作用，其喷射压力为 135MPa。如图 3.26 所示，为用在 Fiat Alfa 与 Lancia 车系 2.4L JTD 发动机的 Bosch 第一代共轨式柴油喷射系统。

图 3.26　采用Bosch第一代共轨式柴油喷射系统的Fiat发动机(Automotive Engineering, SAE)

二、Bosch第二代共轨式柴油喷射系统(2000年)

1.整个系统的构造及功能与第一代大致相同，但**喷射压力提升到160MPa**。

2.为了提高工作效率，Bosch缩短预喷射与主喷射间的时间间隔(Interval)，并设计了新的由进气侧控制的高压泵，喷油器的间隙更小，且效率更高的ECU通过传送触发脉冲(Trigger Pulse)给电磁阀，使喷油器作用更精确，从而可更节省燃油、降低排放污染及噪声。图3.27所示为Bosch第二代共轨式柴油喷射系统的剖面图。

图 3.27　采用Bosch第二代共轨式柴油喷射系统的发动机(Automotive Engineering,SAE)

三、Bosch第三代共轨式柴油喷射系统(2002年)

1.2003年Audi New A8 3.0L柴油发动机，首先采用Bosch第三代共轨式压电(Piezoelectro)式喷油器的喷射系统，压电式执行器装在喷油器轴上，非常靠近喷油嘴针阀。此系统的生产量，从2003年的20,000套，2004年的300,000套，到2005

年预计超过2百万套，以供应给Audi、BMW、DaimlerChrysler、Renault等公司。

2.第三代共轨式喷射系统的喷射压力与第二代相同，重点是放在压电式喷油器上，工程师们使喷油器内移动零件的重量减少75%，而且使移动零件的数量从4个减少成为1个，因此零件的移动速度是以往形式的两倍，且外型更小。

3.第三代共轨式的压电执行器(Piezo Actuator)，比上两代的电磁线圈控制(Solenoid Controlled)式更小。各种喷射作用可更具弹性，并具有多点喷射(Multiple Injection)作用，每一行程的预喷射(Pre-Injection)量甚至小于1 mm^3(0.0006 in^3)；更进一步的发展目标是希望能达到3～5重(Fold)喷射，使噪声及排放污染更低；而且准备进行λ控制(Lambda Control)，使喷油量计量更精确。

4.例如在部分负荷时，由于喷油量可减少，因此使污染气体排放减少15%～20%。整体的排污减少可达20%以上，发动机动力提高5%～7%，油耗减少3%，而发动机噪声则降低3 dB(A)。

5.虽然Bosch第三代共轨式的喷射压力为160MPa，但Bosch准备在2005年将喷射压力提升到180MPa。

四、Bosch第四代共轨式柴油喷射系统

1.是在不增加系统本身压力的情况下，利用所谓可变几何喷油器喷孔(Variable Geometry Injector Jets)的方式，将喷射压力提高到200MPa以上。

2.从第一代到第二代的喷油器，都是利用单油路，在单段动作下，让柴油从5～7个喷孔喷入燃烧室。而可变几何形状喷油器喷孔式，在喷油孔(Nozzle Holes)有双油路，为双段动作，在怠速及部分负荷时，第一段动作打开小孔径的第一油路，喷出更精密的柴油量，以更进一步减低油耗及污染气体排放；第二段动作打开原有的喷油孔，在最短时间内，喷出精密计量柴油，以提升发动机的最大输出。此种设计，希望装用本系统的柴油发动机能符合2007年美国的排放标准。

课后测评

一、是非题（是打√、非打×）

(　)1. VE 型喷射泵使用与缸数相同的活塞。

(　)2. 整体式喷油器系统简称 UPS。

(　)3. 高压储油式即共轨式喷射系统。

(　)4. 传统机械式调速的柴油喷射系统已无法同时达到省油、低污染、低噪声的要求。

(　)5. Bosch 第四代共轨式喷射系统的喷射压力达 180MPa 以上。

(　)6. Bosch 共轨式喷射系统的喷射过程可分预喷射、主喷射、结束喷射等。

(　)7. 分配式柴油喷射系统只有主喷射，无预喷射与结束喷射。

(　)8. 预喷射的作用是减低油耗、噪声及排放污染。

(　)9. Bosch 共轨式共轨内柴油压力是由燃油泵所建立。

(　)10. Bosch共轨式高压泵是由三组柱塞组成，当在部分负荷时，三组柱塞均不作用。

(　)11. Bosch共轨式，在高压泵上的油压控制阀，是由ECU以PWM方式控制。

(　)12. Bosch共轨式，共轨油压传感器将信号送至ECU，再由ECU控制流量限制器，以调节共轨内柴油压力。

(　)13. 限压阀允许共轨内压力短暂时间内最高可达 125MPa。

(　)14. Bosch共轨式喷射系统喷油器上电磁阀的控制作用，与多点汽油喷射发动机喷油器上电磁阀的控制作用相同。

(　)15. Bosch 共轨式喷射系统，当喷油器上电磁阀通电 ON 时，为喷油状态。

(　)16. 共轨式喷射系统，喷油量的多少仅由电磁阀通电时间的长短而决定。

(　)17. EDC 意即柴油机电子控制。

(　)18. 柴油发动机不需要采用空气流量传感器。

(　)19. 进气管上有安装增压压力传感器时，表示柴油发动机有涡轮增压器装置。

(　)20. EEPROM 存储器芯片，可减少生产多种不同形式的电脑。

(　)21. 定速控制，即巡航控制，也称为车速控制。

(　)22. 柴油发动机在负载发生变化时，无法同步调节怠速转速。

(　)23. 利用涡流控制器或进气管活门、滑动阀，可使进气压力大幅增加。

(　)24. Bosch第四代的共轨式喷射系统，利用可变几何形状喷油器喷孔式，喷射压力可提高到 200MPa 以上。

二、选择题

( ) 1. 利用柱塞上螺旋位置的不同，以控制喷油量的是 (A)高压储油式 (B)分配式 (C)PE 直列式 (D)单柱塞式 喷射系统。

( ) 2. 单活塞做泵油、配油，移动控制套位置以改变喷油量的是 (A)PE 型直列式 (B)VE 型分配式 (C)整体喷油器式 (D)共轨式 喷射系统。

( ) 3. 目前采用最多的是 (A)直列式 (B)分配式 (C)整体式 (D)共轨式 柴油喷射系统。

( ) 4. 共轨式柴油喷射系统的喷射压力目前约介于 (A)5~15 (B)16~33(C)35~200 (D)200~300 MPa。

( ) 5. Bosch第一代共轨式喷射系统的喷射压力为 (A)135 (B)160 (C)180 (D)200 MPa。

( ) 6. 共轨式喷射系统，油压的产生与 (A)高压泵 (B)发动机转速 (C)喷油量 (D)发动机负荷 有关。

( ) 7. 共轨式喷射系统，各缸喷油器是否喷油，是由 (A)喷射泵凸轮轴顶柱塞 (B)ECU 控制喷油器内电磁阀 (C)ECU 控制喷射泵内调速器 (D)发动机凸轮轴顶喷油器内柱塞。

( ) 8. Bosch共轨式利用二次喷射，可减少 (A)CO (B)HC (C)CO_2 (D)NO_x。

( ) 9. Bosch 共轨式燃油泵的送油压力约 (A)0.05~10.5 (B)1~1.5 (C)10~30 (D)35~135 MPa。

( ) 10. Bosch 共轨式，用以保持共轨内正确油压的是 (A)压力限制阀（限压阀） (B)流量限制器 (C)油压控制阀 (D)关断阀。

( ) 11. Bosch 共轨式，用以限制共轨内最大油压的是 (A)压力限制阀（限压阀） (B)流量限制器 (C)油压控制阀 (D)关断阀。

( ) 12. Bosch 共轨式，当喷油器内泄油孔被阀球封闭时，此时喷油器为 (A)引导喷射作用 (B)主喷射作用 (C)二次喷射作用 (D)不喷射。

( ) 13. Bosch第一代共轨式喷射系统的喷射压力，在怠速时约为 (A)15 (B)25 (C)50 (D)135 MPa。

( ) 14. Bosch第一代共轨式喷射系统的喷射压力，在一般转速时约为 (A)35 (B)75 (C)135 (D)160 MPa。

( ) 15. 使各缸产生的转矩相同，称为 (A)转速波动阻尼 (B)车速 (C)怠速转速 (D)平滑运转 控制。

( ) 16. 下述何项非 Bosch 共轨式 EDC 系统的执行器？ (A)油压控制阀 (B)增压压力执行器 (C)喷油器 (D)压力限制阀（限压阀）。

(　)17.Bosch 共轨式喷射系统发动机，当 EGR 比率在 (A)20% (B)40% (C)60% (D)80% 时，NO_x、CO、HC 的排放量均在理想范围内。

(　)18.Bosch 第三代共轨式喷射系统，在 2005 年时，喷射压力将提升到 (A) 140 (B)160 (C)180 (D)200 MPa。

三、问答题

1. 写出 Bosch 使用柴油喷射系统的种类。
2. 写出 Bosch 共轨式柴油喷射系统的优点。
3. 试述传统式柴油喷射系统的构造对喷射特性的影响及产生的结果。
4. 共轨式柴油喷射系统可达到何种理想的喷射特性?
5. Bosch 共轨式预喷射的作用可达到何种效果?
6. 写出共轨的功能。
7. 写出共轨油压传感器的功用。
8. 写出流量限制器的功用。
9. 试述流量限制器在大量泄漏时的作用。
10. Bosch 共轨式喷射系统喷油器的构造可分成哪三部分?
11. 试述 Bosch 共轨式喷油器刚开始喷射的作用过程。
12. 试述 Bosch 共轨式喷射系统喷油器结束喷油的作用。
13. 试述增压压力传感器的构造与作用。
14. 何谓怠速转速控制?
15. 何谓平滑运转控制?
16. 加油踏板突然踩放时，柴油发动机会有何现象发生?
17. Bosch 第二代共轨式系统比第一代有哪些改善?
18. 可变几何形状喷油器喷孔是如何动作的?

CHAPTER 4

Modern of Diesel Engine DEVICE

Denso 共轨式柴油喷射系统

4.1 Denso 共轨式柴油喷射系统

4.1.1 概 述

一、Denso 共轨式柴油喷射系统的特色

Fuso载货车及客车公司(Fuso Truck & Bus Corporation)，是三菱(Mitsubishi)集团旗下的公司之一，其柴油发动机采用的共轨式喷射系统为日本Denso公司所制造，此种喷射系统的特色为：

1.由于在所有运转范围均系高压喷射，故可得低排放污染及高输出，如图4.1(a)所示。

2.相对于发动机转速与负荷，可独立控制喷射压力，如图4.1(b)所示。

3.由于燃油喷射率(Fuel Injection Rate)的控制，可减小噪声并降低排放污染，如图4.1(c)所示。

4.由于喷射正时的弹性变化，可提高发动机的性能，如图4.1(d)所示。

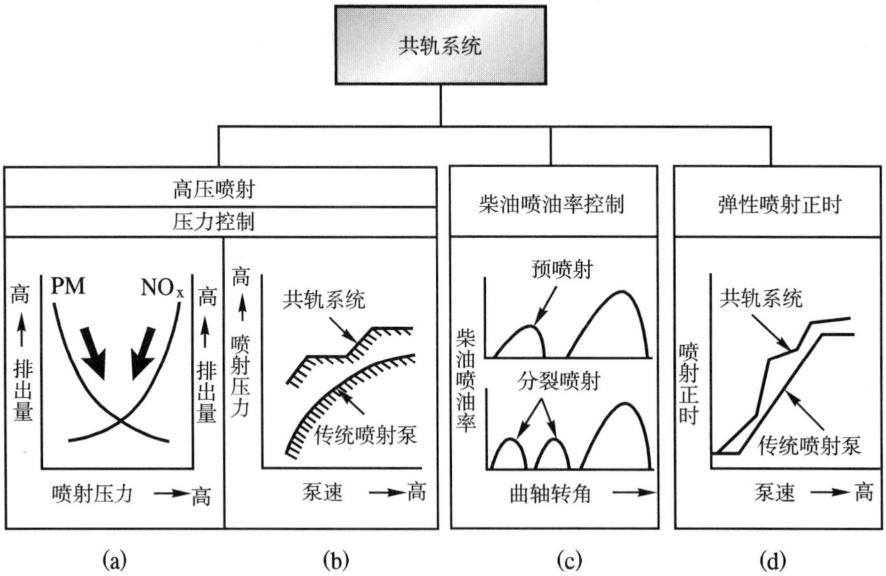

图4.1 共轨系统的特色(Training Manual, DENSO)

二、Denso 共轨式柴油喷射系统的功能

本系统除提供喷油量控制、喷射正时控制、喷射压力控制等功能外，并提供以下的功能：

1.自诊断及报警功能(Self-Diagnosis and Alarm Function)

以电脑诊断系统主要零件，当有问题时报警。

2.失效安全(故障安全）功能(Fail-Safe Function)

依问题之所在，必要时使发动机熄火。

3.备用功能(Backup Function)

改变柴油的调节方法，使发动机能继续运转。

三、Denso 共轨式柴油喷射系统的基本组成与作用

1.共轨式喷射系统的基本组成，如图 4.2 所示，分为燃油系统与电脑控制系统两大部分。

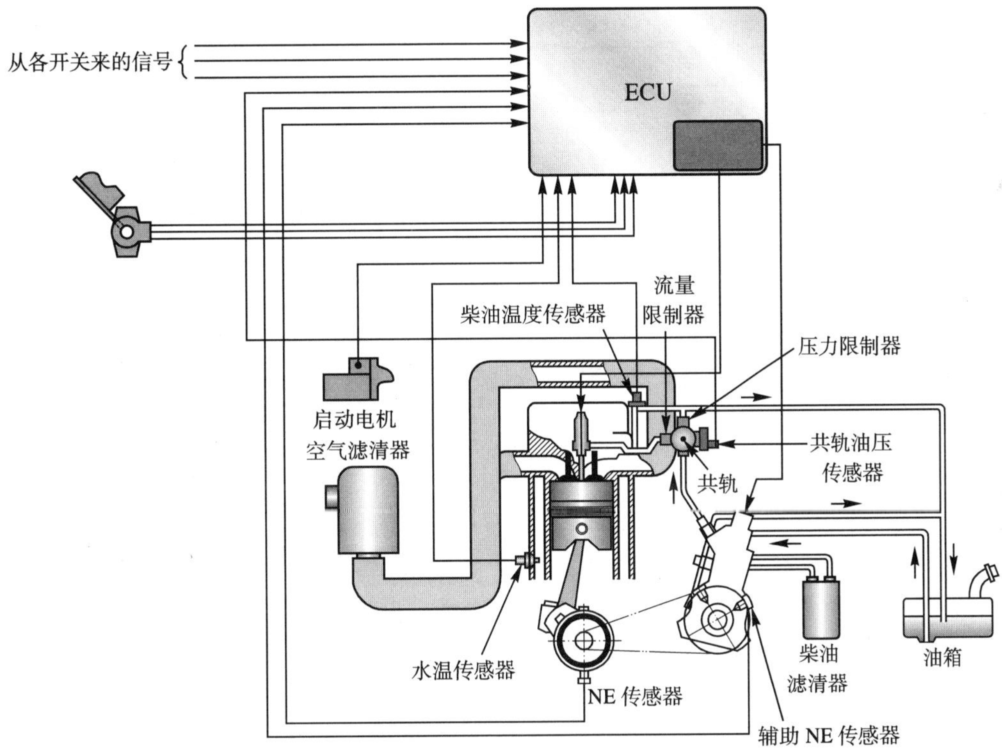

图 4.2　Denso 共轨式喷射系统的基本组成(Training Manual, DENSO)

2.燃油系统的基本作用，如图 4.3 所示。高压柴油由高压泵(Supply Pump)产生，送至共轨，喷油器内的电磁阀使喷油嘴的针阀打开或关闭，以控制喷油开始或结束。

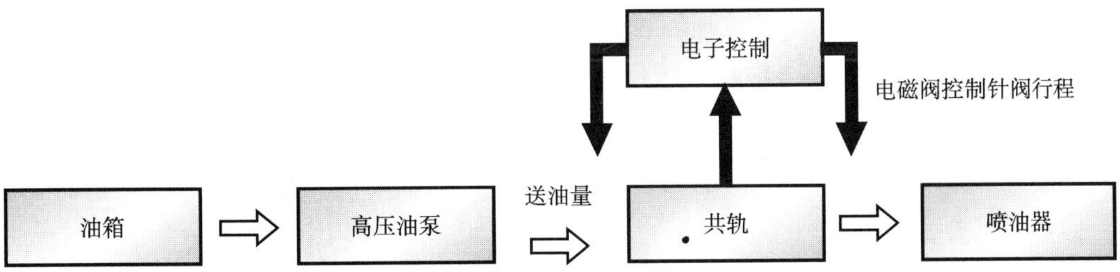

图 4.3　燃油系统的基本作用(Training Manual, DENSO)

3.电脑控制系统的基本作用，如图4.4所示，通过各传感器及开关的信号，ECU控制加在各电磁阀电流的正时(Timing)与通电时间之长短，以确保在适当时间喷射精确的柴油量。

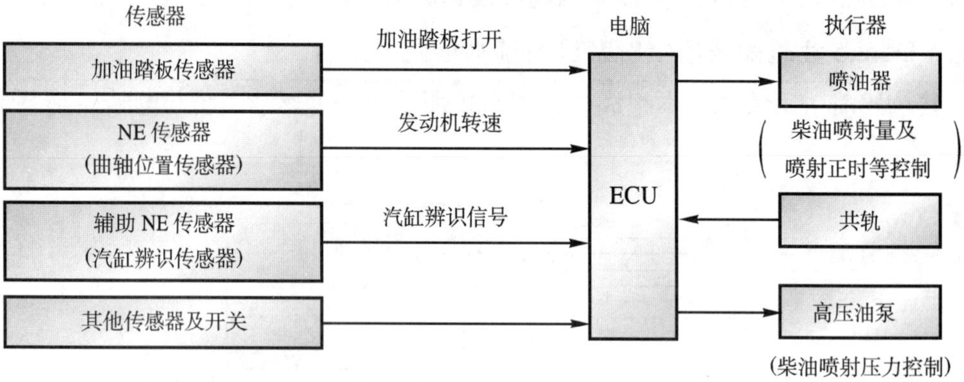

图4.4　电脑控制系统的基本作用(Training Manual, DENSO)

四、Denso共轨式柴油喷射系统的详细作用

1.高压泵产生的油压送入共轨内，油压的大小是由ECU所控制的泵控制阀(Pump Control Valve，PCV)的ON与OFF所调节，如图4.5所示。

2.共轨内的油压是由装在共轨上的油压传感器进行监测，以使实际的压力与所要求的压力吻合。

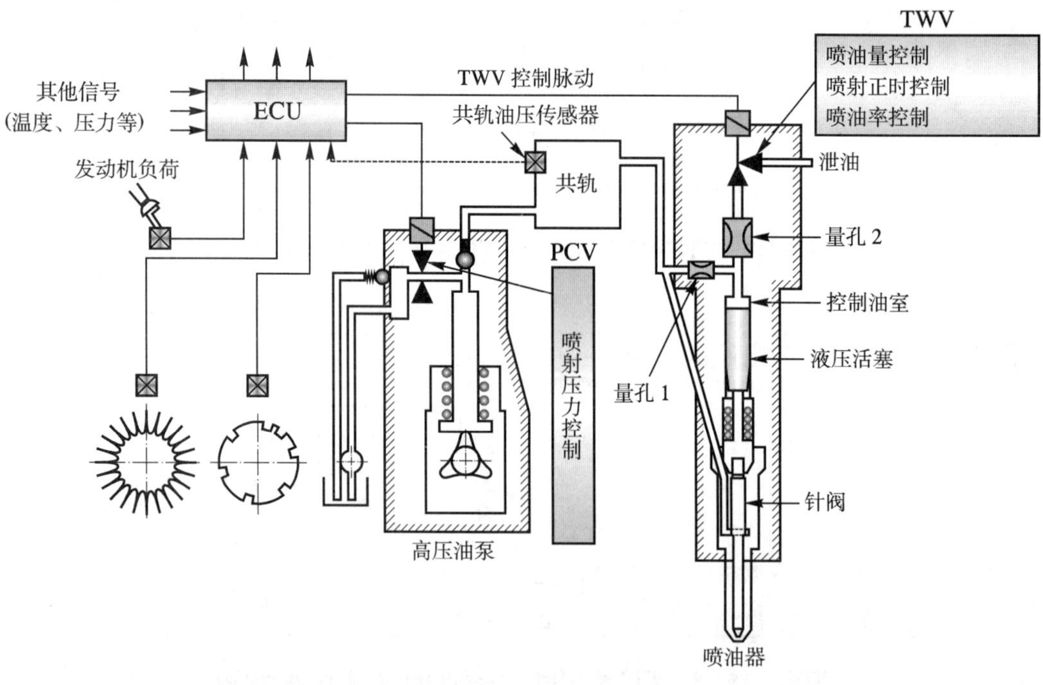

图4.5　Denso共轨式柴油喷射系统的详细作用(Training Manual, DENSO)

3.共轨内柴油送入喷油器内的喷油嘴(Nozzle)与控制油腔(Control Chamber)内。**喷油时间与喷油量是由双向阀(Two-Way Valve，TWV)的电磁阀之ON与OFF控制**，当电磁阀通电(ON)时，量孔 2 上方的油路打开，控制油腔内的柴油从量孔 2 流出，故喷油嘴针阀被油压向上推，柴油开始喷射；当电磁阀断电(OFF)时，柴油从量孔 1 进入控制油腔，针阀下移，柴油结束喷射。

4.因此，**电磁阀通电时，即决定柴油的喷射开始时间；而电磁阀通电时间的长短，即决定柴油的喷射量。**

五、共轨式与传统式喷射系统的比较

如表 4.1 所示，为共轨式与传统线列式喷射系统之比较，可以很明确看出彼此间之差异。

表 4.1　共轨式与传统式喷射系统的比较(Training Manual, DENSO)

系统	直列式	共轨式
示意图	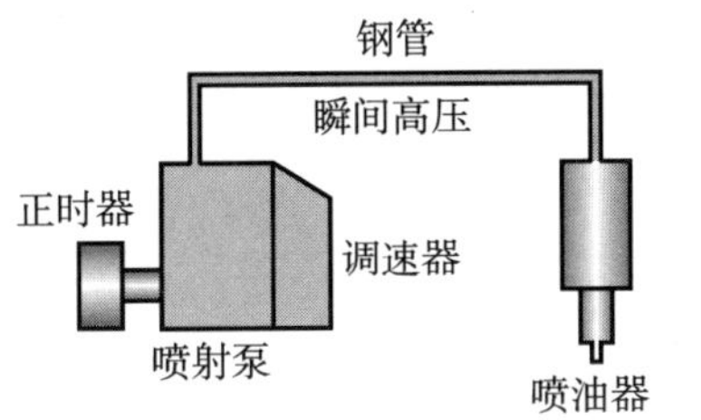	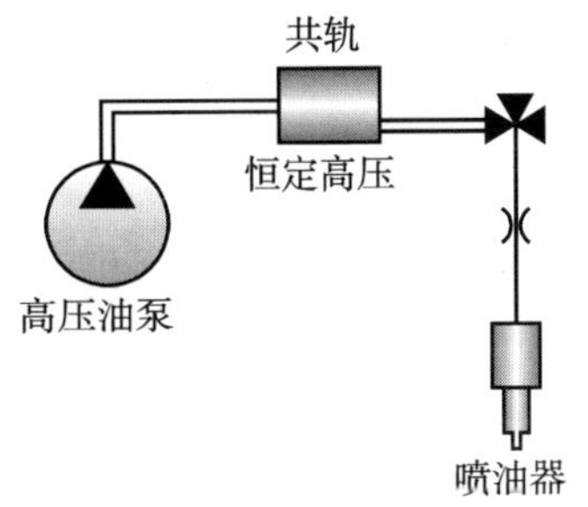
喷油量调节	喷射泵(调速器)	ECU，喷油器(TWV)
喷射正时调节	喷射泵(正时器)	ECU，喷油器(TWV)
高压产生	喷射泵	高压油泵
分配	喷射泵	共轨
喷射压力调节	依发动机转速与喷射量而定	高压油泵(PCV)

4.1.2　Denso 共轨式柴油喷射系统各零组件的构造与作用

一、燃油系统各零件的构造与作用

1.摆动式燃油泵(Torochoid Type Feed Pump)

⑴装在高压泵内，由凸轮轴驱动，从油箱吸出柴油，经柴油滤清器后，送入高压泵柱塞内。

⑵图 4.6 所示为摆动式燃油泵的构造及作用。

2.高压泵(Supply Pump)

⑴**调节送油量后，在共轨内建立适当油压。**

⑵高压泵的构造，如图 4.7 所示，它由低压燃油泵(Feed Pump)、凸轮、柱塞及

泵控制阀(Pump Control Valve，PCV)等所组成，有两个泵，供应六缸发动机用。由于三叶式凸轮(3-Lobe Cam)泵油至共轨的频率与柴油喷射频率相同，故可得到平顺且稳定的共轨压力。

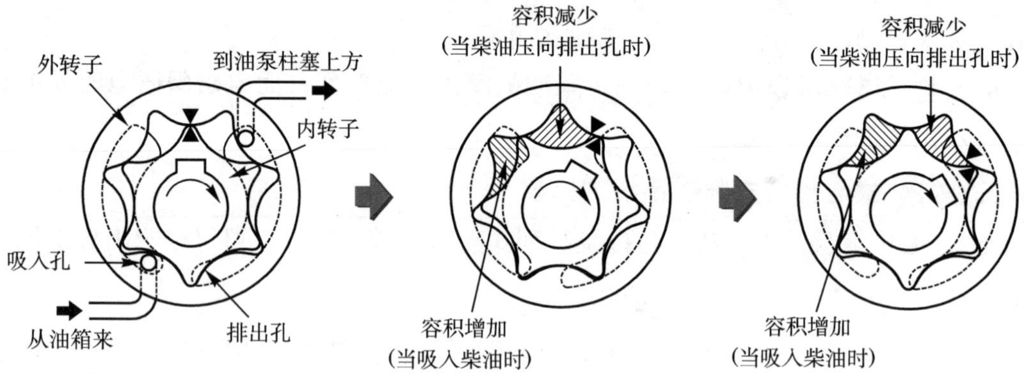

图 4.6　摆动式燃油泵的构造及作用(Training Manual, DENSO)

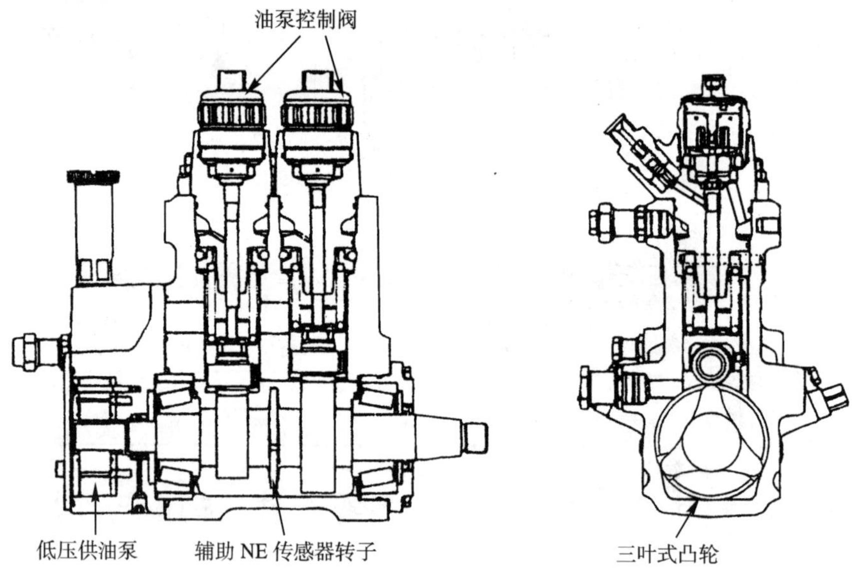

图 4.7　高压泵的构造(Training Manual, DENSO)

⑶高压泵的作用

①当柱塞下行时，PCV 保持打开状态，使低压柴油经 PCV 被吸入柱塞上方，如图 4.8(a)所示。

②即使柱塞开始上行，若 PCV 尚未通电，则 PCV 保持打开状态，原来被吸入的柴油会经 PCV 被压回，此时无泵油动作，如图 4.8(b)所示。

③当 PCV 通电时，阀关闭，柴油被柱塞压缩，高压柴油经出油阀(Delivery Valve)送往共轨，如图 4.8(c)所示。因此变化PCV的通电时间，即可改变送油量，

以调节送往共轨的柴油压力。

④凸轮旋转过了最高点后，柱塞再度下行，出油阀关闭，PCV 断电，阀打开，低压柴油再度进入柱塞上方，如图 4.8(d)所示。

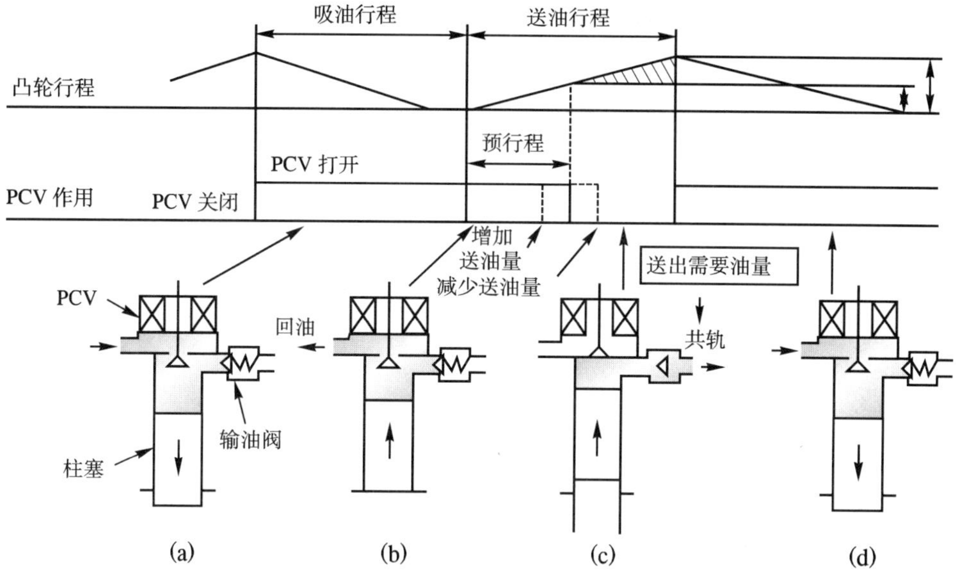

图 4.8　高压泵的工作情形(Training Manual, DENSO)

⑤由以上的说明可以了解，**泵控制阀(PCV)调节送出的柴油量，以调整共轨内的油压，故泵控制阀通电时间的长短，即可控制共轨内压力的大小。**

3.共轨

⑴共轨上装有波动阻尼器(Flow Damper)、压力限制器(Pressure Limiter)与共轨油压传感器(Common Rail Pressure Sensor)。各缸有一个流动缓冲器，与高压钢管连接，将高压柴油送往喷油器。而经过压力限制器的柴油则流回油箱。共轨油压传感器则是将油压转换为电压信号送给 ECU。

⑵波动阻尼器

①**可减少在高压钢管内的压力脉冲(Pressure Pulsation)，使送给喷油器的柴油压力保持稳定。**

②当过量柴油流动时，波动阻尼器切断柴油通道，以防止不正常的柴油流动。如图 4.9 所示，当有不正常的柴油流动时，高压柴油施加在活塞上，就使活塞与钢珠向右移，钢珠与座接触，封闭柴油通道。

⑶压力限制器

①**当共轨内油压太高时，压力限制器打开，以释放油压。**

②当共轨内压力达 140 MPa 时，压力限制器的阀门被推开，如图 4.10 所示；当油压降低至约 30 MPa 时，压力限制器的阀门关闭。

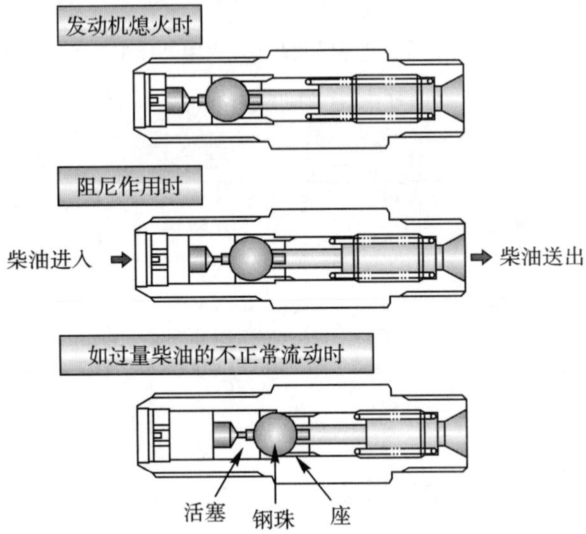

图 4.9　波动阻尼器的作用(Training Manual, DENSO)

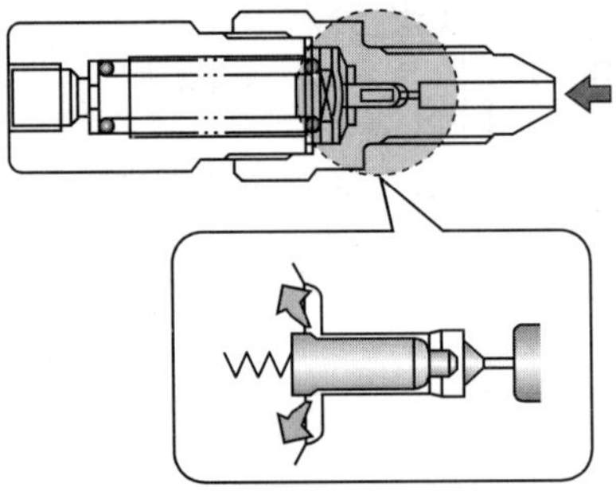

图 4.10　压力限制器的构造与作用(Training Manual, DENSO)

⑷共轨油压传感器为半导体式压力传感器，当油压变化时，半导体电阻发生改变，输出电压与油压成正比，油压越高，输出电压也越高。

4.喷油器

⑴ **ECU 依据各种信号来源，使喷油器在正确时间(Timing)喷油，喷射正确的柴油量(Volume)，正确的出油率(Ratio)，以及良好的雾化。**

⑵喷油器的构造

①如图 4.11 所示，可分成双向电磁阀(Two-Way Solenoid Valve)、液压活塞(Hydraulic Piston)、喷油嘴(Nozzle)等三部分。

②电磁阀改变控制油腔内压力，以控制喷油开始及喷射结束，如图 4.12 所示；量孔(Orifice)用以限制喷油嘴针阀打开的速度，以调节出油率；液压活塞用以传送从控制油腔(Control Chamber)来的压力给喷油嘴针阀；而喷油嘴则用以使柴油雾化，功能与传统式喷油嘴相同。

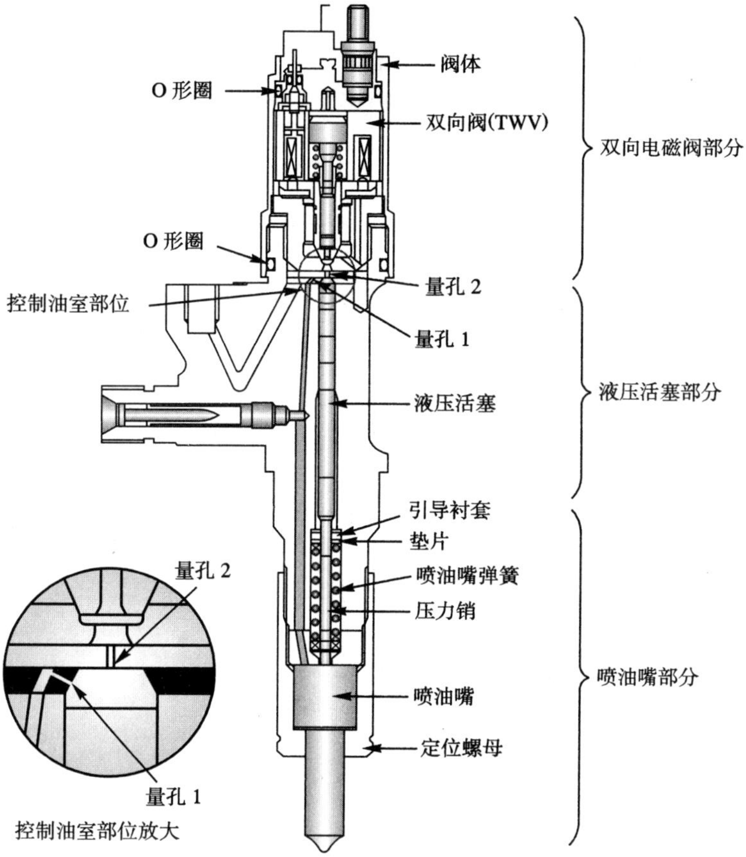

图 4.11　喷油器的构造(Training Manual, DENSO)

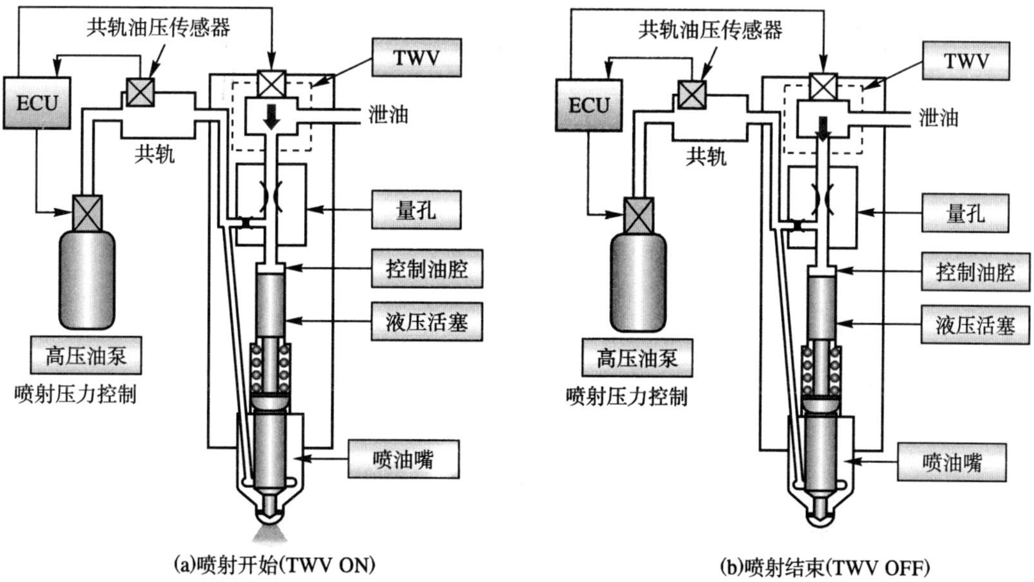

图 4.12　TWV ON 与 OFF 时的作用(Training Manual, DENSO)

(3)喷油器的作用

①电磁阀的阀门部分，由二个阀所组成，如图 4.13 所示，内阀(Inner Valve)固定，外阀(Outer Valve)可活动，两个阀精密装配在同轴上。

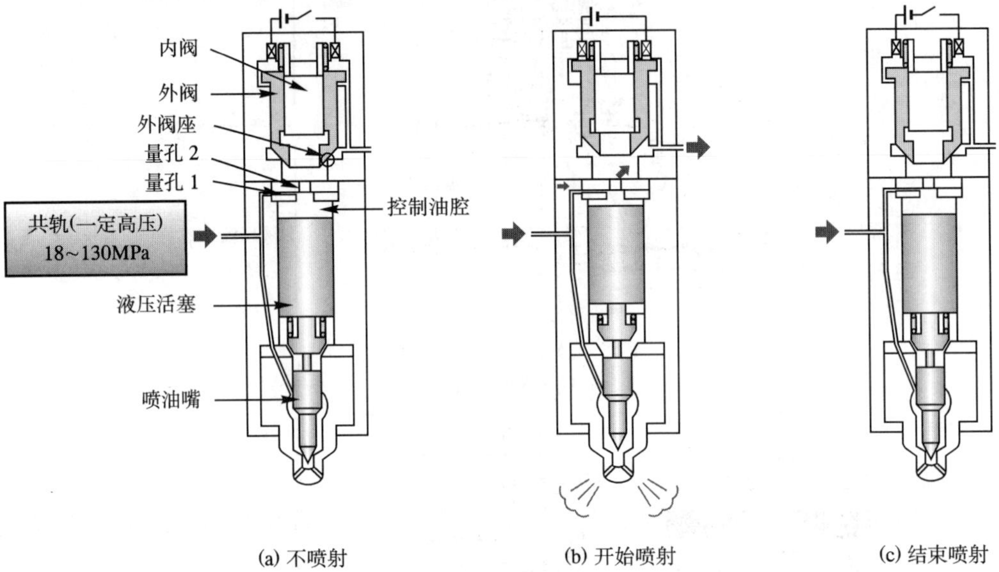

图 4.13　电磁阀的构造与喷油器的作用(Training Manual, DENSO)

②不喷射：当电磁阀不通电时，阀弹簧力及液压力使外阀向下，外阀座封闭，由于共轨高压经量孔 1 进入控制油腔，故喷油嘴针阀在关闭状态，此时不喷油，如图 4.13(a)所示。

③开始喷油：当电磁阀通电时，电磁吸力使外阀向上，外阀座打开，控制油室内柴油从量孔 2 流出，喷油嘴针阀向上，开始喷射柴油，如图 4.13(b)所示；接着出油率逐渐增加，直至达最大出油率。

④结束喷油：当电磁阀断电时，阀弹簧力及液压力使外阀向下，外阀座封闭，此时由共轨来的高压柴油，立即进入控制油腔，使喷油嘴针阀向下，结束喷油行程，如图 4.13(c)所示。

二、电脑控制系统各零件的构造与作用

1.各种传感器与继电器

(1) NE 传感器(NE Sensor or Crankshaft Position Sensor，曲轴位置传感器)

①装在飞轮处，用以监测发动机转速及每隔 7.5°的曲轴位置。

②飞轮上每隔 7.5°有一齿，因少做 3 齿，故总计为 45 齿，曲轴每转产生 90 次交流电压送给 ECU，如图 4.14 所示，图中 CR 表曲轴(Crank)转角。

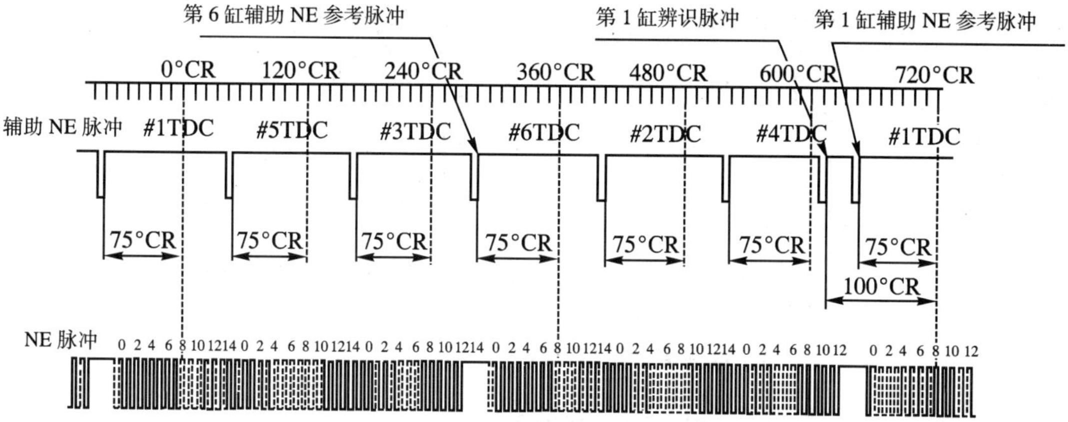

图 4.14　NE 与辅助 NE 传感器信号(Training Manual, DENSO)

⑵辅助 NE 传感器(Auxiliary NE Sensor or Cylinder Recognition Sensor，汽缸辨识传感器)

①装在高压泵处，用以辨认第一缸位置。

②高压泵凸轮轴上，每隔 60°有一齿，但其中一齿分成两小齿，因此曲轴每两转产生 7 次交流电压送给 ECU，如图 4.14 所示。

⑶水温传感器(Water Temperature Sensor)

①使用 NTC 型感温电阻(Thermistor)，当水温低时电阻大。

② ECU 提供 5 V 的参考电压，经 ECU 内部电阻及感温电阻后，监测电压的大小，即可知道水温的高低，如图 4.15 所示。

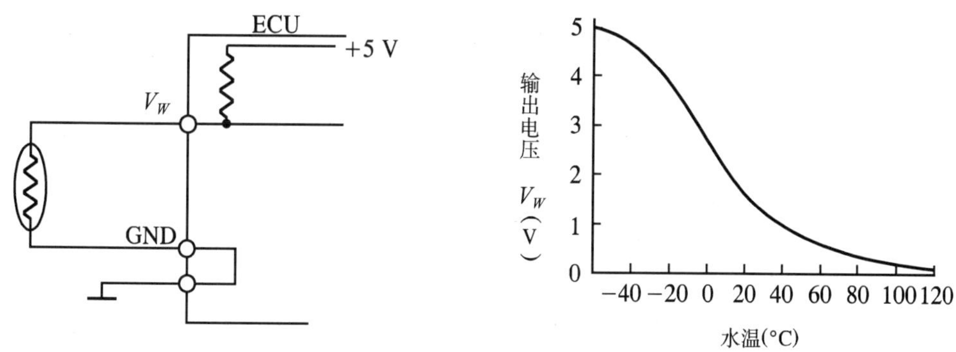

图 4.15　水温传感器的信号输出(Training Manual, DENSO)

⑷柴油温度传感器(Fuel Temperature Sensor)

①使用 NTC 型感温电阻，当柴油温度低时电阻大。

② ECU 提供 5 V 的参考电压，经 ECU 内部电阻及感温电阻后，监测电压的大小，即可知道柴油温度的高低，如图 4.16 所示。

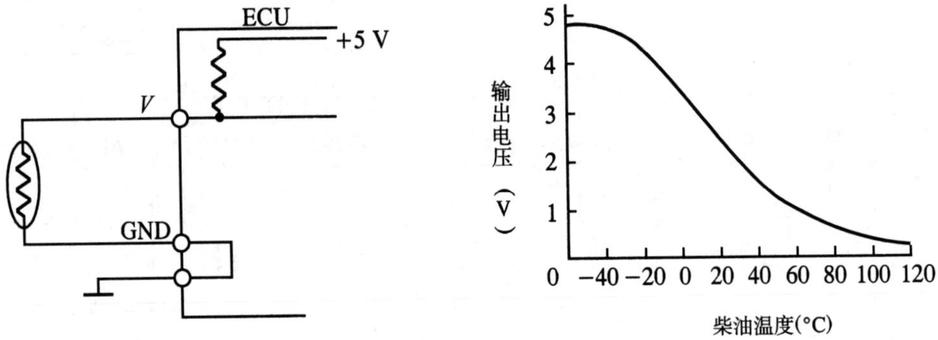

图 4.16 柴油温度传感器的信号输出(Training Manual, DENSO)

⑸加速踏板传感器(Accelerator Sensor)

①将加油踏板的转角，转换成电子信号，送给 ECU。

②传感器轴上装一对磁铁(Magnet)，磁铁中央有两片霍尔元件(Hall Elements)，踩下加油踏板时，磁铁跟着旋转，磁场发生改变而产生电压，如图 4.17 所示。

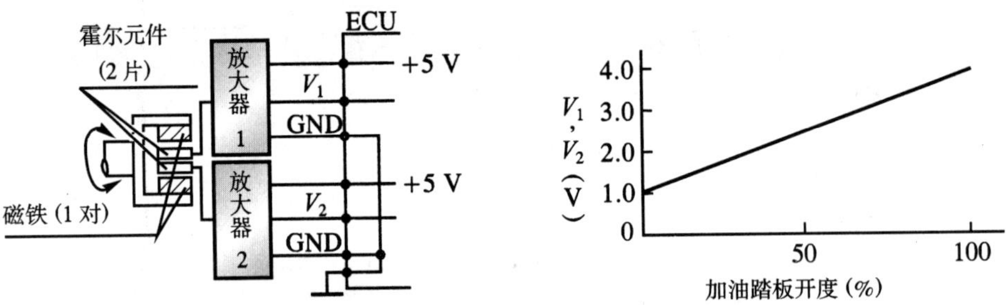

图 4.17 加速踏板传感器的信号输出(Training Manual, DENSO)

⑹怠速设定按钮(Idle Set Button)：设于驾驶室内，以便驾驶员可调整发动机的怠速转速。

⑺主继电器(Main Relay)：当主继电器线圈通电时，白金接点接通，电流送往 ECU。

⑻泵控制阀继电器(PCV Relay)：提供电流给高压泵上的泵控制阀。

2.各种控制方式

本电脑系统所控制的喷油量与喷射正时，比传统式采用机械式调速器或正时器的喷射泵更精确。ECU 由位在发动机及车辆的各传感器信号，经必要的计算后，控制加在各喷油器电流的正时与持续的时间，及控制泵控制阀，即可获得各种精密的控制，如图 4.18 所示。

⑴出油率控制：系指在一定时间内，控制通过喷油孔柴油量的比例。

①主喷射(Main Injection)：与传统式喷射系统的作用相同。

②引燃喷射(Pilot Injection)

❶在主喷射前，先将少量柴油喷入汽缸中燃烧，如图 4.19 所示。

❷极高压力的喷射，会使出油率增加，造成初期累积在燃烧室的柴油量增加，多量柴油同时燃烧的结果，热产生率(Heat Generation Rate)骤升，使NO_x与噪声提高。因此**在主喷射前先进行引燃喷射，喷出极少量刚好需要的柴油量，以缓和初期燃烧作用，可减少NO_x与噪声**，如图 4.20 所示。

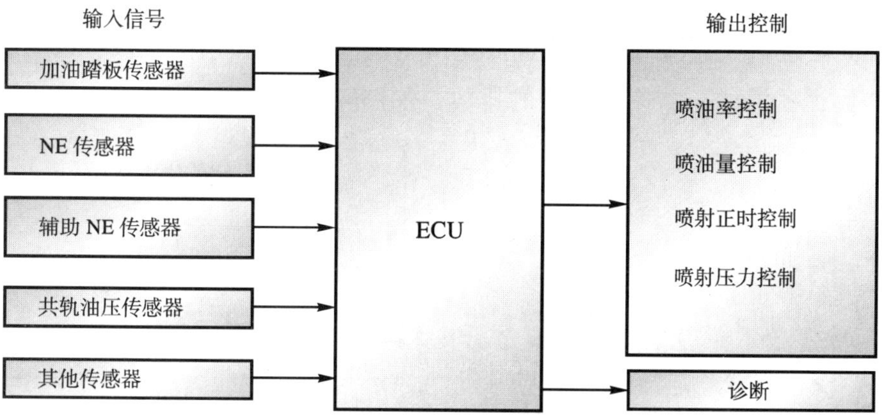

图 4.18　ECU 的各种控制(Training Manual, DENSO)

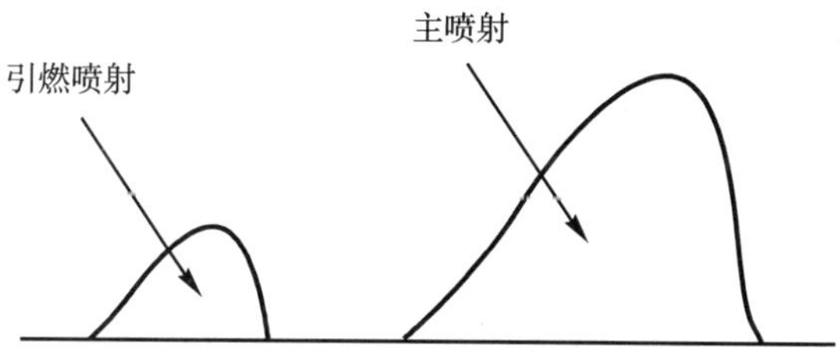

图 4.19　主喷射前的引燃喷射(Training Manual, DENSO)

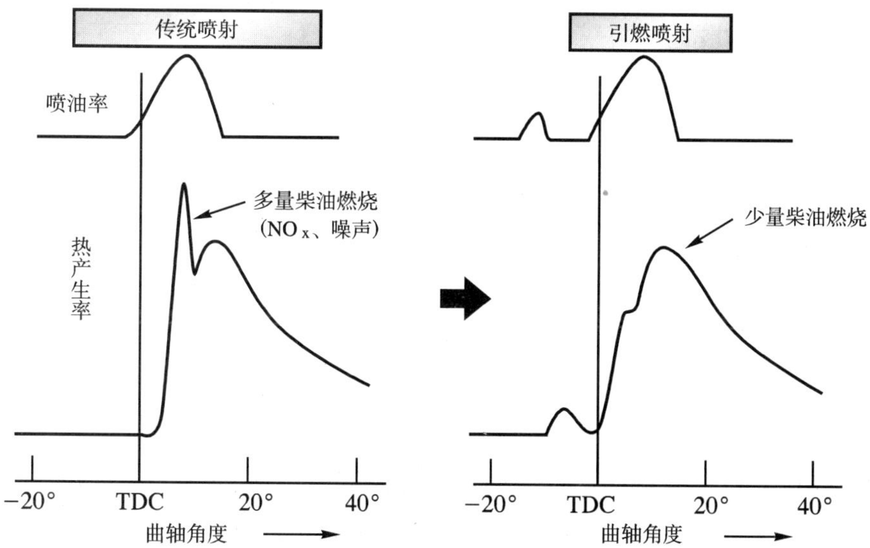

图 4.20　有、无引燃喷射作用的差异(Training Manual, DENSO)

③分段喷射(Split Injection)：当发动机起动转速慢时，在主喷射前，会分成数次少量的柴油喷射，如图4.21所示。有预热塞装置时，则不需要少量喷射。

⑵**喷油量控制：取代传统式喷射系统的调速器，基本上根据发动机转速与加油踏板行程来精确控制喷油量**。

①基础喷油量(Basic Injection Volume)：由发动机转速与加油踏板行程决定。

②起动喷油量(Starting Injection Volume)：依发动机转速、水温等而定。

③瞬间喷油量修正(Transient Injection Volume Correction)：当猛踏加速踏板时，喷油量延迟增加，以抑制黑烟的排放，如图4.22所示。

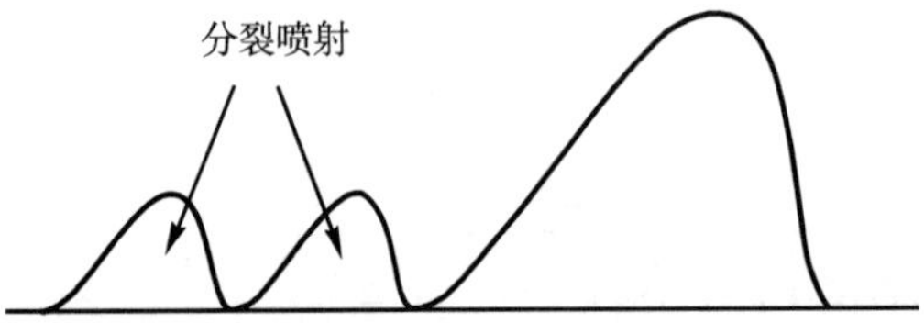

图4.21 分段喷射的作用(Training Manual, DENSO)

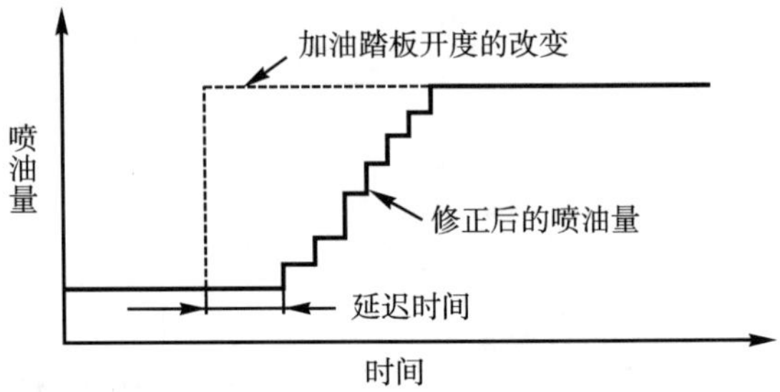

图4.22 猛踩加速踏板时的喷油量修正(Training Manual, DENSO)

④最高转速设定喷油量(Injection Volume for Maximum Speed Setting)：相对发动机的最高转速，调节喷油量至一定值，发动机超速时即断油。

⑤最大喷油量限制(Limit The Maximum Injection Volume)：当进气压力低时，限制最大喷油量，使黑烟排放减至最小。

⑥怠速转速控制(Idle Speed Control，ISC)：调节喷油量，控制怠速转速，以符合目标转速。ISC可分成：

❶自动ISC：依水温以控制怠速转速。

❷手动ISC：由驾驶室内旋钮调整怠速。

⑦自动巡航控制(Auto Cruise Control)：调节喷油量控制车速，以符合经电脑计算后之目标速度。

⑶**喷射正时控制：取代传统喷射系统的正时器，基本上根据发动机转速与喷油量来精确控制柴油的喷射正时。**

①引燃喷射正时：根据最后喷油量(Final Injection Volume)、发动机转速及水温而定。当在起动时，则根据水温及发动机转速来决定。

②主喷射正时：根据最后喷油量、发动机转速及水温而定。当在起动时，则依水温及发动机转速来决定。

⑷**喷射压力控制：依最后喷油量及发动机转速，以计算压力值**，如图4.23所

示。当在起动时，则依水温及发动机转速来决定。

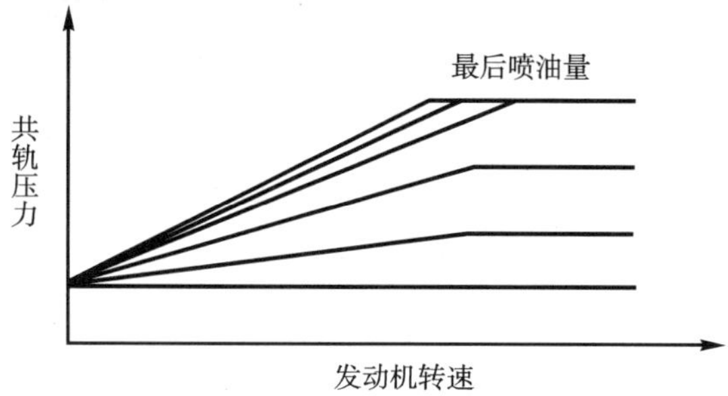

图 4.23 喷射压力控制(Training Manual, DENSO)

4.2 Denso 与 Siemens 共轨式柴油喷射系统的发展

一、Denso 共轨式柴油喷射系统的发展

1.日本Denso Corp.在1995年研发出重型柴油发动机用共轨式喷射系统，如图4.24所示，开始供应给Fuso(Mitsubishi)、Hino(Toyota)、Isuzu等公司大型柴油发动机采用，另外也供应Toyota于欧洲市场销售的小客车用共轨式喷射系统。Denso预计在2005年时，共轨式喷射系统的生产量要超过100万套，不过与Bosch公司比较，Bosch的共轨(CR)式与整体式(UI)式柴油喷射系统，在2002年合计的生产量就已经超过430万套以上了。

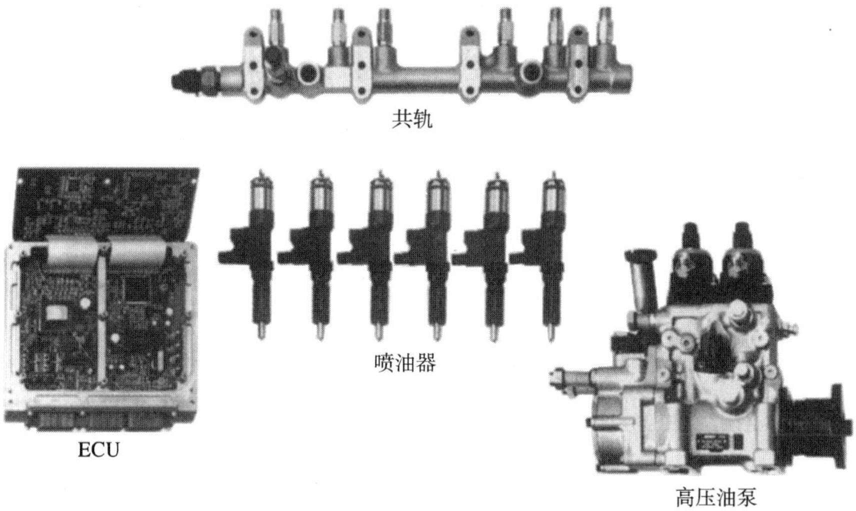

图 4.24 Denso 共轨式柴油喷射系统(Automotive Engineering, SAE)

2.Denso 较新型的共轨式喷射系统，在每一个行程，采用五种喷射作用，以控制燃烧率(Combustion Rate)。

⑴**引燃喷射：以缩短主喷射时的着火延迟时间。**

⑵**预主喷射(Pre-Main Injection)：以减少NO_x、噪声及振动。**

⑶**后喷射(After-Injection)：跟随主喷射，以烧掉残留的 PM。**

⑷**主喷射后喷射(Post-Injection)：维持催化转化器温度，使催化剂更有效率作用。**

⑸**结束喷射：提供 HC，做为降低NO_x的催化剂。**

3.Denso 2002 年在欧洲所发表的共轨喷射系统，其喷射压力已提升到 180 MPa，以取代原有的 135 MPa，并研究利用压电喷射(Piezo Injection)方式，希望能将引燃喷射结束至主喷射开始间之时间缩短 4 ms，不过，截至 2002 年时尚未能达成目标。

二、Siemens 共轨式柴油喷射系统的发展

1.相对于 Denso 研发速度较缓慢，德国 Siemens VDO Automotive 公司，甚至比 Bosch 更早，在 2001 年(Bosch 为 2002 年)就已开发出压电共轨式系统(Piezo Common Rail System)，其喷油器如图 4.25 所示。Siemens 公司采用压电执行器(Piezo Actuator)的共轨式柴油喷射系统，已应用在 Peugeot 307 汽车上，**使用能非常高速开关(Switching)的压电晶体(Piezo Crystals)，使该共轨式喷射系统比原来采用电磁阀型的喷射系统更优越。**

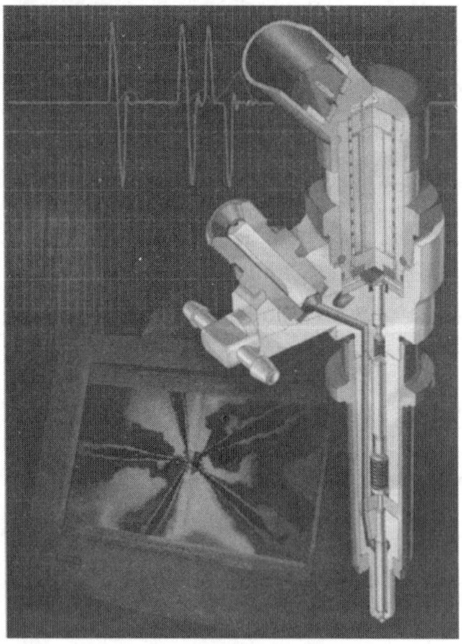

图 4.25　Siemens 压电共轨式的喷油器(Automotive Engineering, SAE)

2.Pierre 与 Jacques Curie 两人在 1880 年发现压电效应(Piezoelectric Effect)，当天然的晶体(Crystals)受到机械压力时，晶体的晶格(Lattice)会按压力比例产生电荷(Electric Charge)。压电执行器(Piezoelectronic Actuator)就是一种利用晶体动作的开关元件(Switching Element)。**当电荷连通至晶体时，晶格在数 ms 内膨胀，而当晶体放电(Discharged)后，则恢复为其原来的尺寸，Siemens 利用此特性，以**

控制柴油在喷油器内的流动，而达到控制柴油喷射与否的目的。

3.Siemens公司第一代共轨式喷射系统，将喷射作用分成引燃喷射与主喷射两种作用。新型的压电共轨式喷射系统则能分成数种作用，先是两个分开的预喷射(Pre-Injection)作用，喷出极少量柴油，接着是主喷射，再接下来是两个较小的后喷射(Post-Injection)，如同 Denso 新型喷射系统般，预喷射(类似引燃喷射)使燃烧室内的压力平均分布，以减少噪声，而后喷射有助于废气后处理(Post-Treatment)装置，可减少污染气体排出。

4.Siemens共轨式喷射系统的喷油孔小至0.12 mm，制造公差必须小于0.003 mm。新型压电共轨式喷射系统将使用32位ECU，装在发动机上，ECU的工作温度范围为−40℃~+ 105℃。图4.26 所示为压电共轨式喷射系统，它将共轨、阀、喷油器、传感器及执行器等集中以模块化设计(Modular Design)，使易于整合在发动机腔舱内。

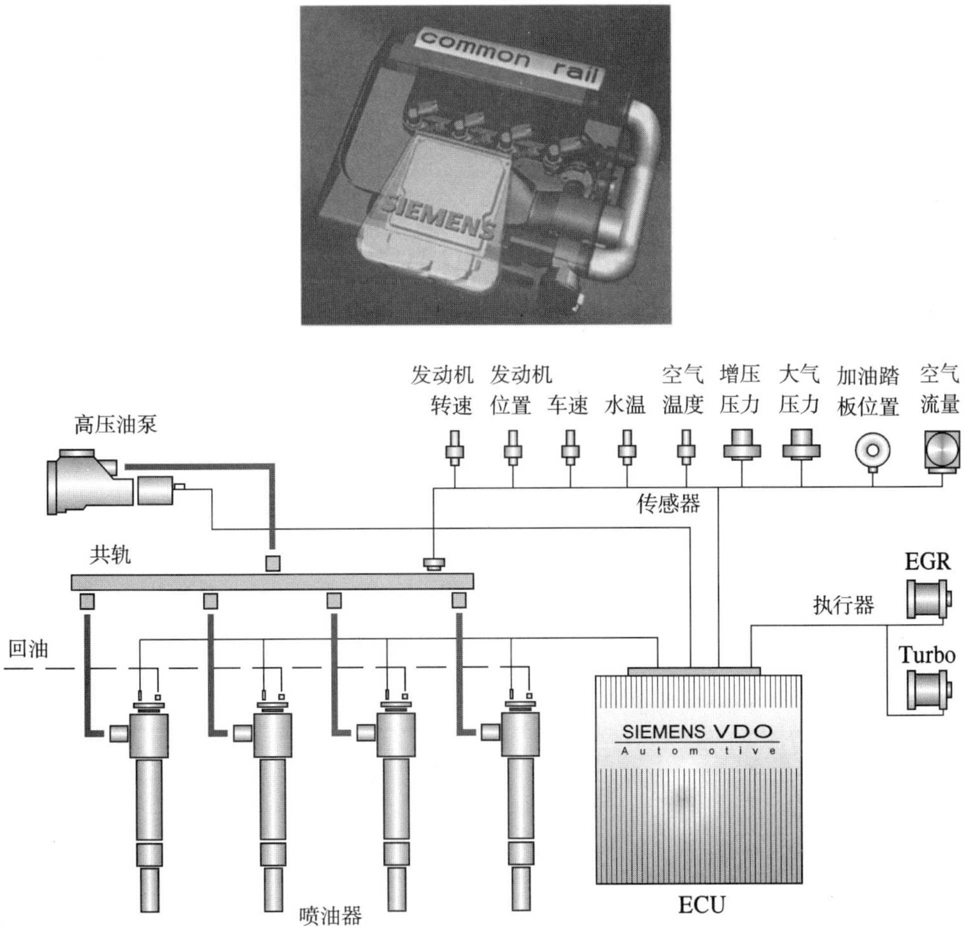

图 4.26　Siemens 压电共轨式柴油喷射系统(Automotive Engineering, SAE)

课后测评

一、是非题（是打√、非打X）

(　)1.柴油发动机利用高压喷射，可提高输出及降低排放污染。

(　)2.Denso共轨式喷射系统，共轨内柴油是由高压泵(Supply Pump)供应。

(　)3.Denso共轨式喷射系统，喷油器内电磁阀的ON/OFF，可改变喷油量、喷射正时及喷射压力。

(　)4.喷油器内电磁阀通电时间的长短，可改变喷射正时。

(　)5.直列式喷射泵系统是由正时器控制喷射正时的。

(　)6.Denso共轨式喷射系统的喷射压力调节，是由喷油器的泵控制阀完成的。

(　)7.Denso共轨式喷射系统的摆动式燃油泵，是装在油箱内的。

(　)8.Denso共轨式系统的高压泵，其柱塞已上行，但PCV未通电，则无油送给共轨。

(　)9.喷油器必须能在正确时间喷油、喷正确的量、正确出油率及使柴油完全雾化。

(　)10.Denso共轨式喷射系统的NE传感器，相当于曲轴位置传感器，装在曲轴前端。

(　)11.NTC型感温电阻，当水温或油温高时，电阻小，输出电压高。

(　)12.过量柴油同时在汽缸内爆发燃烧时，会使噪声提高，NO_x产生量也会增多。

(　)13.Denso共轨式喷射系统，当猛踩加速踏板时，柴油会同步增量喷出。

(　)14.Siemens的压电式共轨系统，喷油器上不再使用电磁阀。

二、选择题

(　)1.控制柴油的出油率，可　(A)降低噪声及排放污染　(B)提高发动机输出　(C)增加进气压力　(D)提高燃烧压力。

(　)2.Denso共轨式喷射系统，共轨内压力是由ECU控制　(A)波动阻尼器　(B)压力限制器　(C)喷油器内电磁阀　(D)泵控制阀　以调节。

(　)3.喷油器内电磁阀通电的瞬间，是决定　(A)喷油量　(B)喷射开始　(C)喷射压力　(D)喷射间隔。

(　)4.Denso共轨式喷射系统，当控制油腔内高压柴油从量孔2释放时，为　(A)喷射开始　(B)喷射结束　(C)控制柴油压力升高　(D)控制柴油压力降低。

(　)5.共轨式与直列式喷射系统比较，下述何项错误？　(A)共轨式由高压泵供应高压柴油　(B)直列式由喷射泵产生高压柴油　(C)直列式由喷射泵正时器控制喷油量　(D)共轨式由喷油器 TWV 控制喷油量。

(　)6.辅助 NE 传感器是装在　(A)发动机曲轴前端　(B)高压泵内　(C)飞轮处　(D)发动机凸轮轴后端。

(　)7.Denso共轨式喷射系统，改变PCV通电时间的长短，即可控制　(A)柴油喷油量　(B)柴油喷射正时　(C)共轨内压力的大小　(D)燃油喷射率。

(　)8.Denso共轨式喷射系统喷油器内的量孔，可调节　(A)出油率　(B)喷油量　(C)喷射正时　(D)喷射间隔。

(　)9.下列对传感器的叙述何项错误？　(A)NE传感器装在飞轮处　(B)辅助NE传感器装在高压泵处　(C)NE 传感器用以监测车速　(D)辅助 NE 传感器用以辨认第一缸位置。

(　)10.下列何项是由泵控制阀(PCV)所控制　(A)出油率　(B)喷油量　(C)喷射正时　(D)喷射压力。

三、问答题

1. Denso 共轨式柴油喷射系统的特色为何？
2. Denso 共轨式系统除喷油量、喷射正时与喷射压力等控制外，还有什么其他功能？
3. 试述 Denso 共轨式喷射系统的电脑控制系统的基本作用。
4. Denso 共轨式喷射系统喷油器内电磁阀如何控制喷射开始与结束？
5. 试述高压泵的送油作用。
6. Denso 共轨式喷射系统，装在共轨上各缸的波动阻尼器有何功用？
7. Denso 共轨式喷射系统，装在共轨上的压力限制器有何功用？
8. Denso 共轨式喷射系统喷油器内各零件的功能为何？
9. 试述 Denso 共轨式喷射系统，喷油器在不喷射时的作用。
10. 试述 Denso 共轨式喷射系统，喷油器在开始喷油的作用。
11. Denso 共轨式喷射系统 ECU 的输出控制有哪些项目？
12. 为何在主喷射前先要进行引燃喷射？
13. Denso 较新型的喷射系统，分成哪五种喷射动作？有何功用？
14. 试述 Siemens 压电执行器的作用。

CHAPTER 5

Modern of Diesel Engine DEVICE

Isuzu 与 Caterpillar/Navistar 共轨式柴油喷射系统

5.1 Isuzu 共轨式柴油喷射系统

5.1.1 概 述

一、为什么将 Isuzu 与 Caterpillar/Navistar 的共轨式喷射系统放在同一章？

1.因为 Isuzu 与美国 Caterpillar 两家公司，从 1994 年起合作开发新型柴油发动机，并于 1997 年 10 月发表“采用新型高压喷射系统的小型柴油发动机”，这是小型轿车首次采用共轨式高压喷射系统的 3.0L 柴油发动机，Isuzu 编号为 4JX1-TC。

2.Isuzu我们称为五十铃，该公司所生产的中、大型柴油车数量位居世界前茅，而小型柴油发动机也常被知名汽车制造厂所采用，如第 1 章所提到的Saab、Opel与Honda 等。

3.Caterpillar于 1925 年在美国创立，在建设机械制造方面具有长久的历史，其建设机械采用的单体式喷油器更获得相当高的评价。

二、本章的共轨式喷射系统与 Bosch 等所采用的有何不同？

1.Bosch 等公司所采用的共轨式喷射系统，其共轨只有一只，内为压力可高达135～180MPa的柴油，共轨内的压力就是喷油器的喷射压力，与多点式汽油喷射系统的构造及作用很类似。

2.Isuzu 与 Caterpillar/Navistar 的共轨式喷射系统，其共轨有二只，一为柴油共轨，压力仅 20～40 N/cm^2(最高也只有 100 N/cm^2)，另一只为机油共轨，压力可达 2000 N/cm^2(最高为 2750 N/cm^2)。现在问题来了，柴油共轨内压力那么低，如何使喷射压力达到 2800～16500 N/cm^2，在本章中会做说明；另外机油共轨做何用，也会在文中一并解释。

3.由于不同形式共轨内的压力差距非常大，因此同样是称为共轨(Common Rail)式喷射系统，我们可将其区分如下

共轨式喷射系统 —
- 低压柴油共轨式
- 高压柴油共轨式

4.低压柴油共轨式与高压柴油共轨式分别有何优缺点？

一般而言，高压柴油共轨式必须靠高压泵建立高压，因此高压泵会损耗较多动力，且精密度必须极高；而低压柴油共轨式的高压是在喷油器内喷油前的瞬间建立，油压高低的控制，可能不如高压柴油共轨式利用共轨油压传感器(Common Rail Pressure Sensor)的电脑控制调节。

5.在本书中，常使用各种压力单位，如lb/in^2(psi)、atm、bar、kg/cm^2、kPa、MPa、ksi 等，其彼此之间的关系如下：

$1\ kg/cm^2 = 0.98\ bar = 0.967\ atm$

由于kg/cm^2与 bar 差距不大，为了计算方便，常将$1\ kg/cm^2 \approx 1\ bar$。

$1\ kg/cm^2 = 14.223\ lb/in^2$，$1\ bar = 14.504\ lb/in^2$，$1\ atm = 14.695\ lb/in^2$。

$1\ kg/cm^2 = 98\ kPa$(kiloPascals)。

$1\ MPa = 10.24\ kg/cm^2$。

$1\ ksi = 6.896\ MPa = 68.96\ bar = 6896\ kPa$。

三、4JX1-TC 柴油发动机在性能与排放污染方面的改善

1.性能方面的改善

如图 5.1 所示，为与旧型柴油发动机(虚线)比较，最大功率为 117kW/3900(r/min)，高出 18kW，最大转矩为 340 N·m/2000(r/min)，高出 40N·m，油耗则减少 15%。

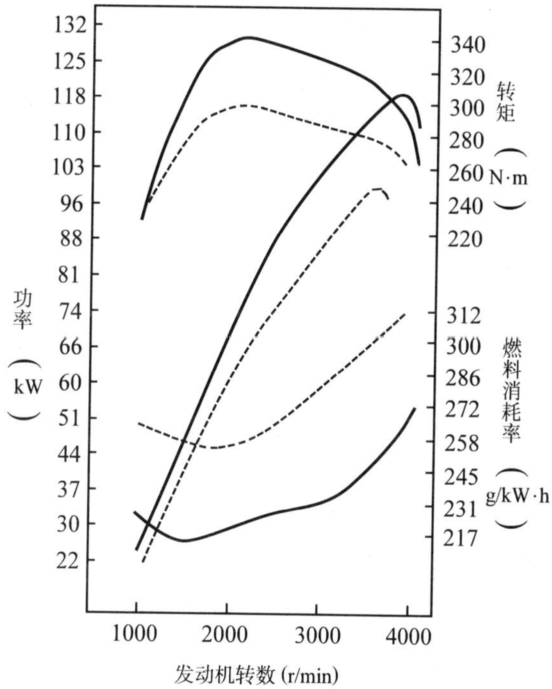

图 5.1 新、旧款柴油发动机的性能比较(自动车工学)

2.排放污染方面的改善

PM 减少 60%，NO_x减少 35%，CO_2则减少 15%。

四、Isuzu 的低公害技术

1.Isuzu 应用在 4JX1-TC 新型柴油发动机的低公害技术有：

⑴直接喷射式燃烧室。

⑵电脑控制共轨式柴油喷射系统。

⑶中间冷却式涡轮增压器。

⑷ **EGR 装置。**

⑸ **氧化型催化转化器。**

2.在此必须进一步说明，虽然本书第 3～5 章的标题都是“共轨式柴油喷射系统”，但并不是单靠共轨技术，就可达到低公害的目的，例如在第 1 章中，详细介绍的直接喷射式燃烧室、涡轮增压器、EGR 装置、氧化催化转化器、NO_x催化转化器、DPF、SCR 催化转化器等各项技术，都跟低公害、低污染有关，尤其是为符合世界各地越来越严格的排放标准，多项技术一起采用是必然的。当然，共轨技术的特色，是在达成降低多种污染物的同时，又能兼顾高输出性能，再搭配涡轮增压器的使用，更是如虎添翼，其各项优势，直逼同等级的汽油发动机，甚至有过之而无不及。由于共轨技术的重要性，及被普遍采用，故本书以较多的篇幅做介绍。

五、Isuzu 共轨式喷射系统的优点

1.如图 5.2 所示，由于Isuzu共轨式喷射系统具有控制喷射压力、喷射周期、喷射正时的功能，故**可将全运转域的各种喷射特性控制在最适当的状况，确保最佳的燃烧状态，故可抑制 PM 的产生，提高出力性能，及降低耗油率，**如图 5.3 所示。

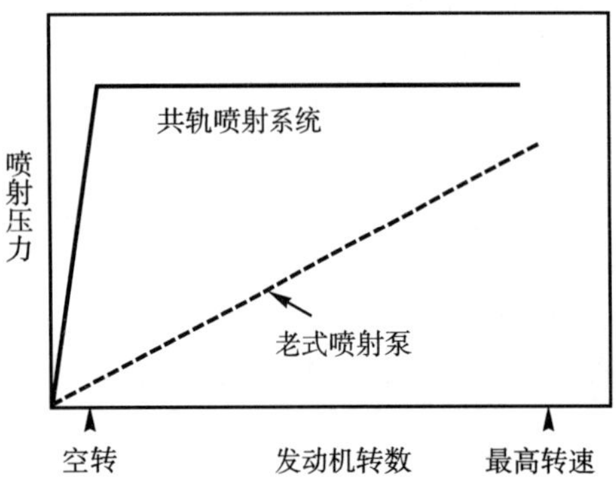

图 5.2 共轨式喷射压力的特性（自动车工学）

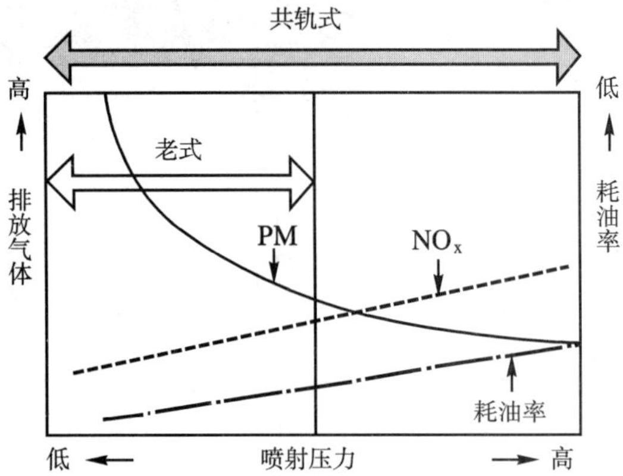

图 5.3 共轨式与老式喷射系统的比较（自动车工学）

2.不过，如图 5.3 所示，在高喷射压力下，充分的混合与完全的燃烧，对降低PM极为有利，但却不利于NO_x，本书在第1章“NO_x与PM同步减量技术”中已有说明，**Isuzu 是利用 ECU 精密调节柴油喷射压力、周期与正时，故也能抑制NO_x的产生。**

5.1.2 Isuzu 共轨式柴油发动机各零件的构造与作用

一、发动机本体的构造与作用

1.发动机本体的构造，如图 5.4 所示，在曲轴的上、下两侧分别装设一二次平衡轴，以降低中、高转速时发动机的振动；并在曲轴皮带盘装减振器，以及 MT 车在飞轮装减振器，以降低传到车体的共鸣与振动。如此使车室内噪声降低 3～5 dB，传到转向盘及地板的振动则降低 50%～70%。

2.气门机构的构造，如图 5.5 所示，两只气门几乎成垂直状态，整体式喷油器装在中间；进气口呈螺旋状，以促进涡流的产生；DOHC 发动机以正时皮带传动，两凸轮轴间使用剪形齿轮；汽缸盖以铝合金制成，使重量减轻及加速冷却。

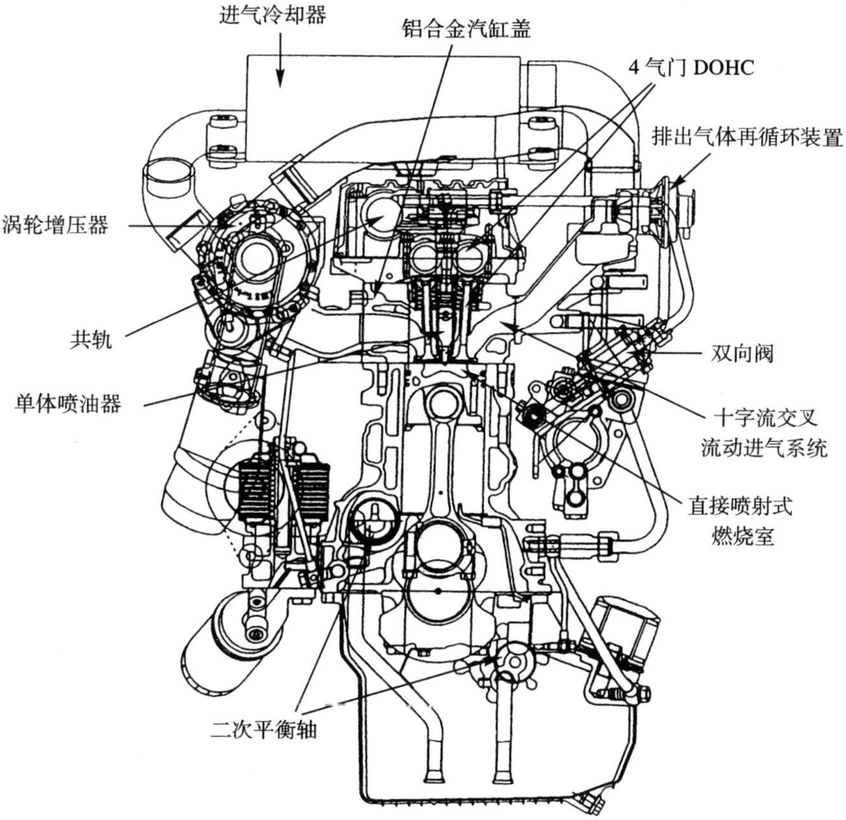

图 5.4 Isuzu 共轨式 3.0L 柴油发动机本体的构造(自动车工学)

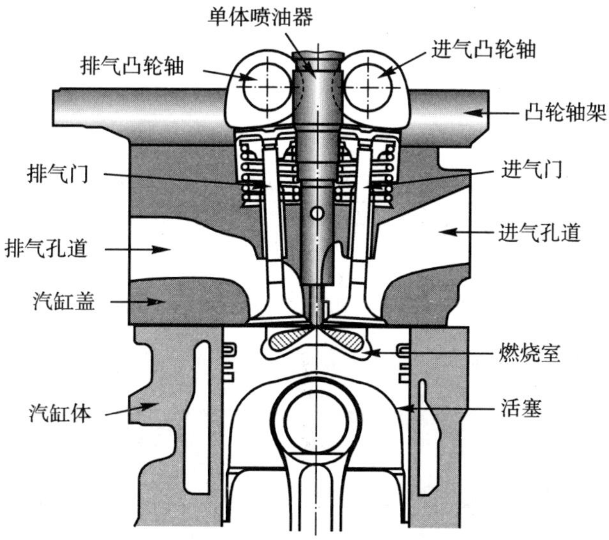

图 5.5 Isuzu 共轨式 3.0L 柴油发动机气门机构的构造(自动车工学)

二、燃料系统各零件的构造与作用

1.低压柴油泵与高压机油泵

(1)低压柴油泵

①是由高压机油泵的轴所驱动，如图 5.6 所示，**怠速时压力为 20～40 N/cm²，最高转速时为 100 N/cm²**。

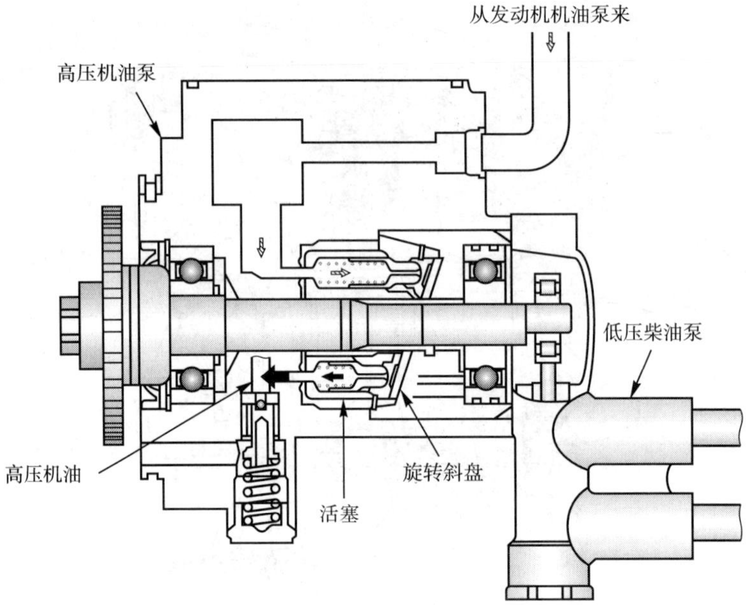

图 5.6　低压柴油泵与高压机油泵(自动车工学)

②**低压柴油送至汽缸盖的柴油共轨内，再送往各缸的单体喷油器**。

(2)高压机油泵

①是由曲轴齿轮，经怠齿轮所驱动。机油由发动机的机油泵送入，经由 7 个活塞与一个旋转斜盘所组成的部件，驱动轴每一转，每个活塞吸送油一次，如图 5.6 所示，**送出的机油压力达 400～2000 N/cm²**。如表 5.1 所示，为高压机油泵与低压柴油泵的规格。

表 5.1　高压机油泵与低压柴油泵的规格(自动车工学)

高压机油泵		
排出量 / 分	127 r/min 时	0.59 L
	1272 r/min 时	7.43 L
排出压力	127 r/min 时	700 N/cm²
	1272 r/min 时	2300 N/cm²
齿轮比(油泵 / 曲轴)		0.636
旋转方向(从齿轮侧看)		顺时针方向
质量		4.5 kg
低压柴油泵		
排出量 / 分	2798 r/min 时	1.03 L
排出压力	2798 r/min 时	45 N/cm²

②高压机油送至汽缸盖的机油共轨内，再送往各缸的单体喷油器。

2.共轨

⑴**共轨有两只，一为低压柴油共轨，一为高压机油共轨。**

⑵共轨的装设位置，如图 5.7 所示。

图 5.7　共轨的装设位置(自动车工学)

3.整体式喷油器

⑴与Caterpillar的电子控制液压喷油系统(Hydraulic Electric Unit Injector，HEUI)的技术相同，此种 HEUI 原本是 Catcrpillar 开发给大型建设机械用的，由Isuzu将之小型化，应用在3.0L柴油发动机上。

⑵在此顺便说明，什么叫做整体式喷油器？为什么共轨式喷射系统的喷油器称为整体式喷油器？区分方法很简单，**喷射压力是在喷油器内建立的就叫做整体式喷油器**，不论是以油压形成(本章叙述即是)，或很多发动机是以凸轮轴(Camshaft)的机械力驱动形成(如下一章)，都称为整体式喷油器(Unit Injector，UI)。

⑶如图 5.8 所示，为整体式喷油器的构造与作用。整体式喷油器的最上方为电磁线圈，下方的提升阀用以控制高压机油的流入，再往下的活塞内藏有挺杆，活塞内部有小直径的柱塞，柱塞靠弹簧力向上推，与活塞的动作为一体。柱塞下方有柴油室，活塞上方的高压机油将活塞、柱塞向下压，利用上下约 7：1 的断面积比及帕斯卡原理(Pascal's Principle)效应，使柴油变成超高压，故喷油嘴的针阀上提，高压柴油从6个0.18 mm的喷孔喷出。**柴油的喷射压力最低到最高为2800～14000 N/cm^2**。

⑷整体式喷油器的作用

①当电磁线圈OFF时，提升阀向下关闭，高压机油不能进入活塞上方，虽然柱塞下方柴油室内有低压柴油，但此时不喷油，如图 5.8(a)所示。

②当电磁线圈ON时，提升阀被拉向上，高压机油通过提升阀，进入活塞上方，

利用活塞与柱塞的截面积比差异，使柴油室中的低压柴油迅速高压化，喷油嘴针阀上升，高压柴油喷出。

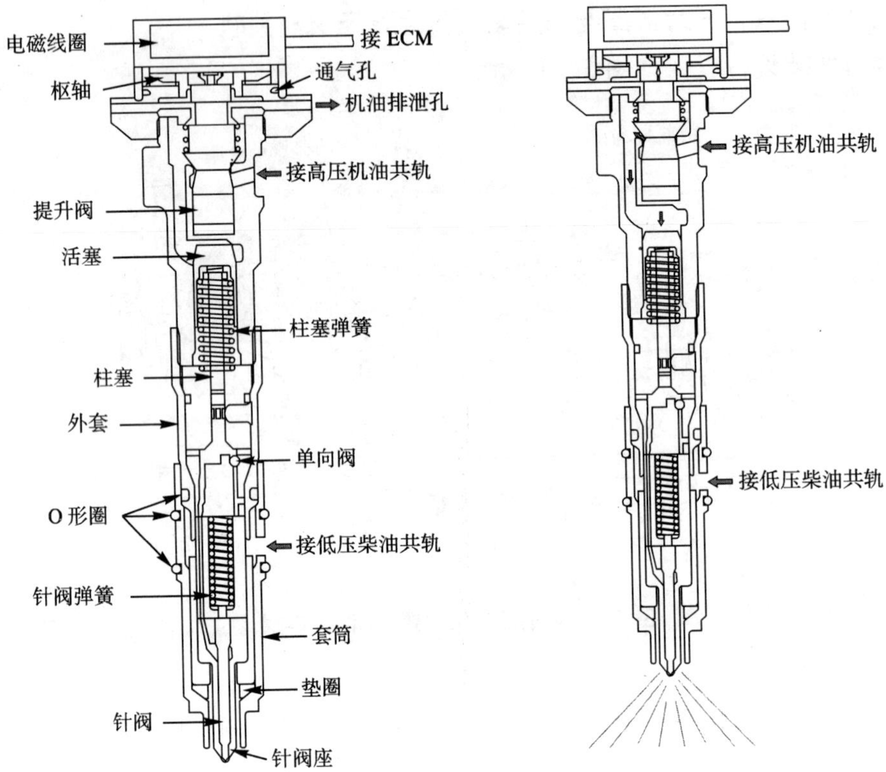

(a) 喷射前　　(b) 喷射时

图 5.8　Isuzu 整体式喷油器的作用(自动车工学)

三、电脑控制系统的组成与作用

1.电脑控制系统的组成，如图 5.9 所示，整个控制系统采用 12 个传感器，以控制整体式喷油器与机油压力控制阀。提升阀开闭时间的控制，加上改变机油压力以变化喷射压力的大小，使发动机在全运转领域内，都能达到最佳的引燃喷射、喷油量、喷射正时与出油率。

2.喷油量的控制作用

⑴启动喷油量控制：发动机起动时，依起动开关、冷却水温度、发动机转速、机油温度等信号，控制最适当的柴油喷射量，如图 5.10(a)所示。发动机起动后，此模式解除，回到一般行驶控制。

⑵一般行驶喷油量控制：配合发动机转速与加速踏板位置，以决定最适当的柴油喷射量，如图 5.10(b)所示。与以往的喷射系统比较，可得相当高的自由度，踩踏加速踏板时，发动机的反应更灵敏。

⑶最大柴油喷射量控制：根据各种信号来决定最大柴油喷射量，以确保获得最

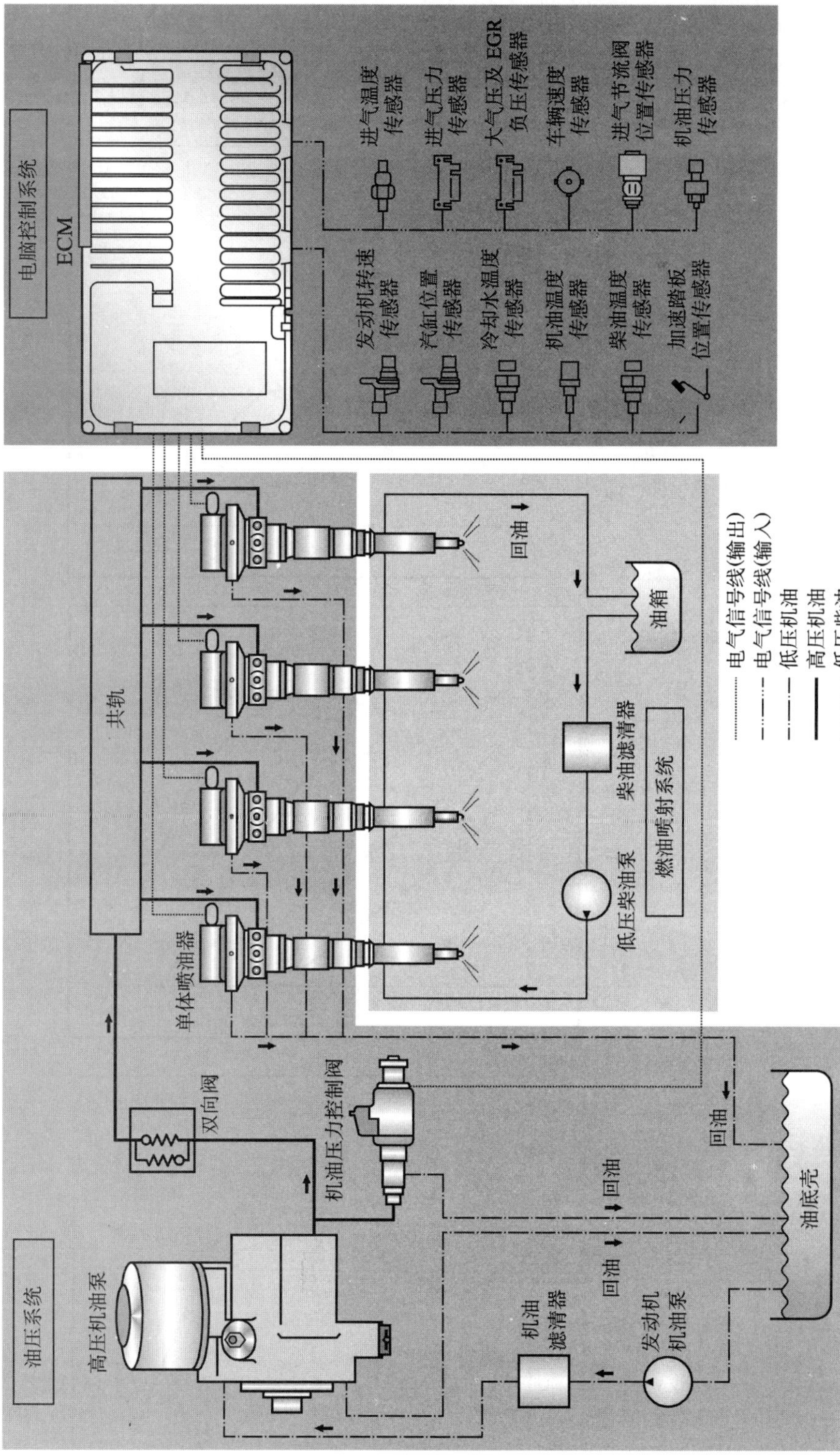

图 5.9 Isuzu 电脑控制系统的组成(自动车工学)

大转矩，同时防止发动机过负荷及减少产生黑烟，如图5.10(c)所示，并在涡轮增压作用，空气过量供给时，调节最大喷油量，以减少黑烟产生。

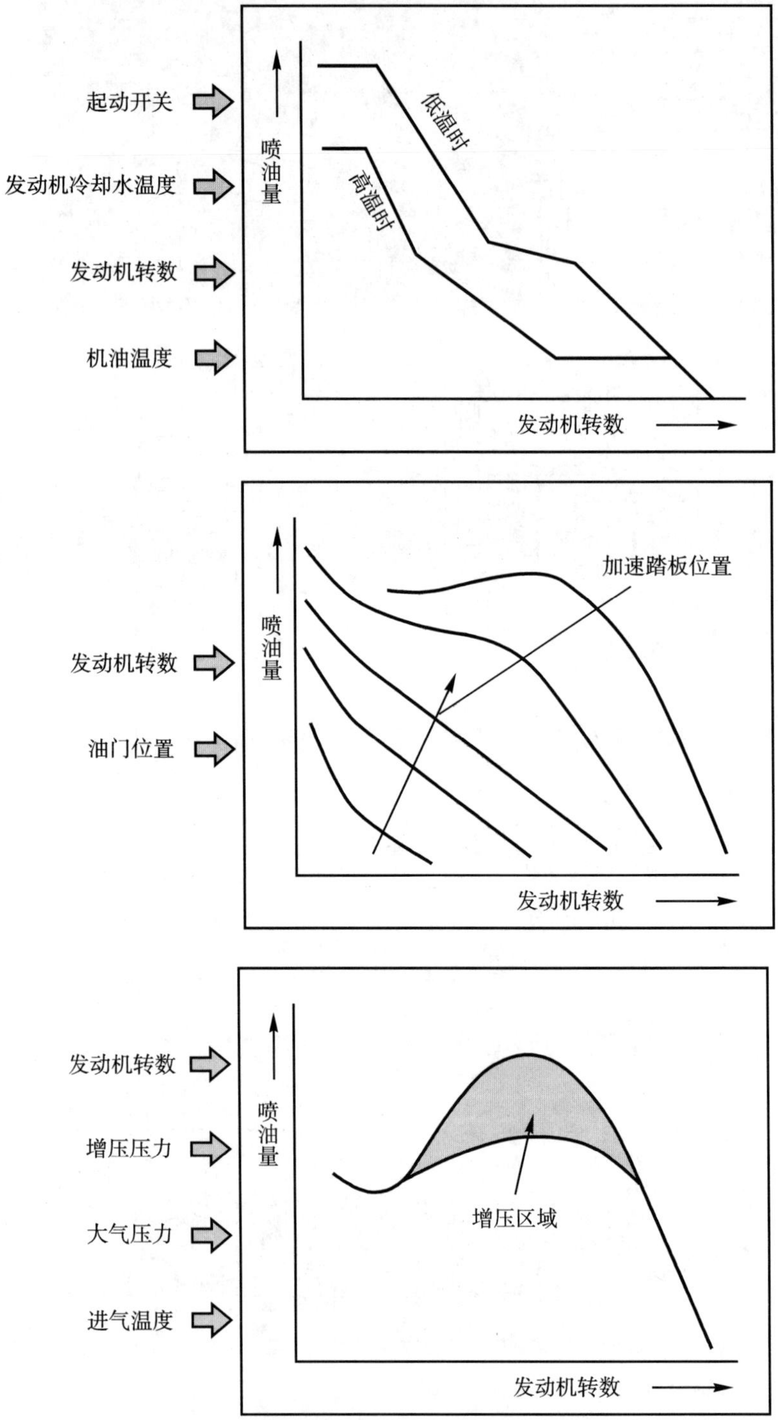

图5.10　喷油量的控制作用(自动车工学)

5.2 Caterpillar/Navistar 共轨式柴油喷射系统

5.2.1 Caterpillar/Navistar 共轨式柴油喷射系统各零件的构造与作用

一、概述

1.美国Caterpillar与Navistar两公司所合作开发的共轨式柴油喷射系统，是应用在大型柴油发动机上，如图 5.11 所示。

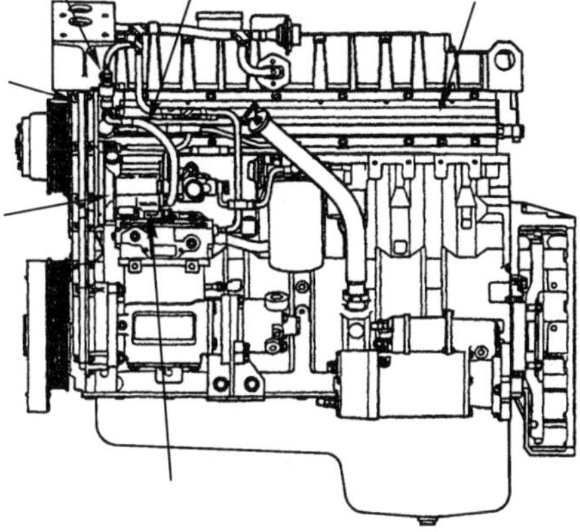

图 5.11 Navistar大型柴油发动机采用的HEUI系统(Medium/Heavy Duty Truck Engines, Fuel & Computerized Management, Sean Bennett)

2.Caterpillar/Navistar的油压电脑控制整体式喷油器(Hydraulically Electronically Controlled Unit Injector，HEUI)，是共轨式喷射系统的一种，与Isuzu使用在小型柴油发动机的系统相同，有两只共轨，柴油共轨与机油共轨，如图 5.12 所示，作用上也与Isuzu的系统相同。

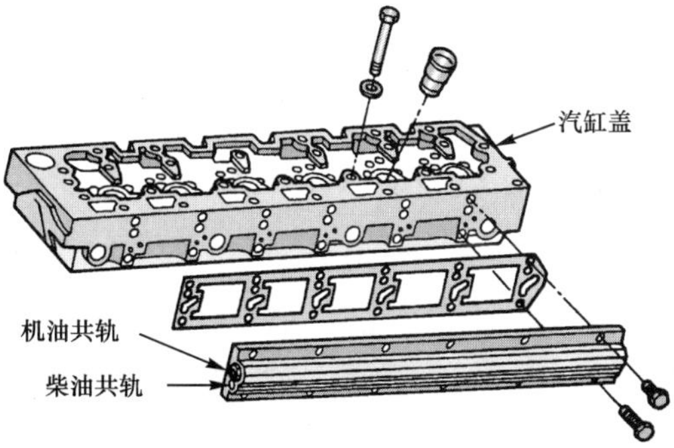

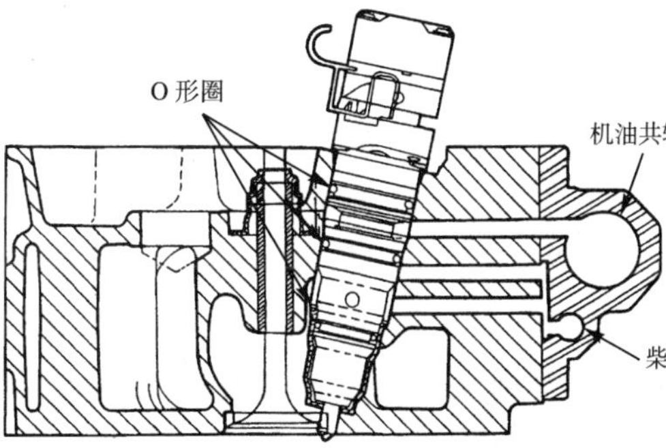

图 5.12 两只共轨的位置(Medium/Heavy Duty Truck Engines, Fuel & Computerized Management, Sean Bennett)

二、HEUI 各系统的构造与作用

1.燃油供应系统

⑴燃油泵(Fuel Pump)由发动机凸轮轴驱动，将柴油从油箱吸出，经次滤清器、主滤清器，进入汽缸盖旁的柴油共轨内，如图 5.13 所示。

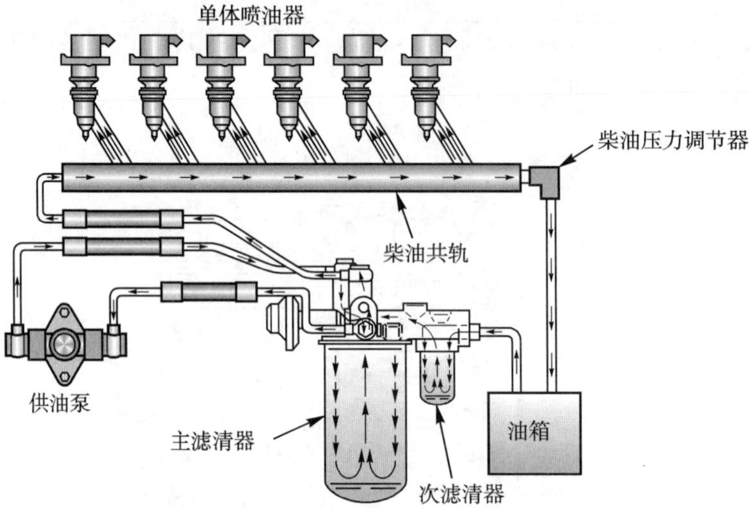

图 5.13　HEUI 的燃油供应系统(Medium/Heavy Duty Truck Engines, Fuel & Computerized Management, Sean Bennett)

⑵装在柴油共轨端的柴油压力调节器(Fuel Pressure Regulator)，调节供油压力，也就是**柴油共轨内的压力在 206～412 kPa(2～4 atms)之间**。

2.油压调节系统

⑴高压机油泵由曲轴齿轮经怠轮传动，泵内旋转斜盘(Swash Plate)再驱动数组双作用活塞，构造及作用原理与 A/C 压缩机相同，能将机油压力升高到 20 MPa，最高可达 27.5 MPa，如图 5.14 所示。

⑵实际的机油压力由电子控制喷射压力调节器(Injection Pressure Regulator)调节，调节压力最低 3.3 MPa，最高可达 24 MPa。喷射压力调节器内有滑阀（轴向滑阀）(Spool Valve)，由 ECM 送出的 PWM(脉冲宽度调节)改变电磁线圈的磁场强度，以改变与电枢(Armature)成一体的提升阀(Poppet Valve)的位置，使滑阀位置改变，即可调节送出机油压力的大小，如图 5.15 所示。(注：机油最高压力有 20、27.5、24 MPa 等不同规格，系因不同厂牌、不同车型之故)。

⑶机油共轨与各缸整体式喷油器连接，当喷油器的电磁线圈 ON 时，提升阀打开，高压机油进入放大活塞(Amplifier Piston/Navistar 称法)或强化活塞（加厚活塞）(Intensifier Piston/Caterpillar称法)上方，使活塞下移，将低压柴油变成高压柴油，从喷油孔喷出，如图 5.16 所示。

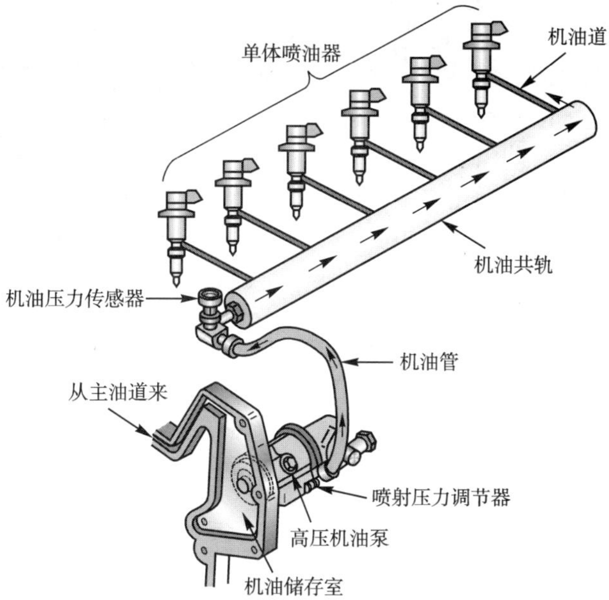

图 5.14 油压调节系统的组成(Medium/Heavy Duty Truck Engines, Fuel & Computerized Management, Sean Bennett)

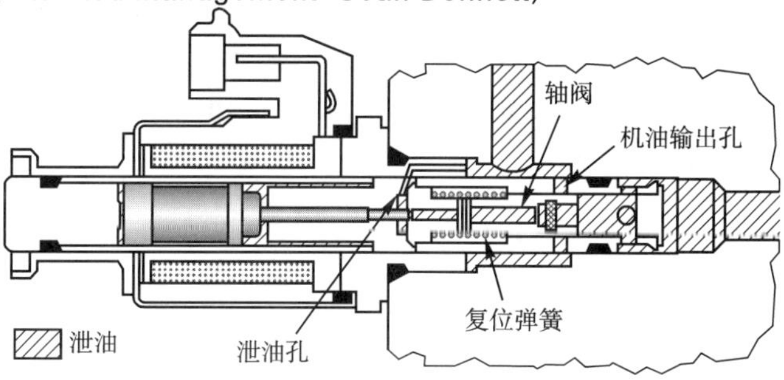

(a) 发动机熄火时

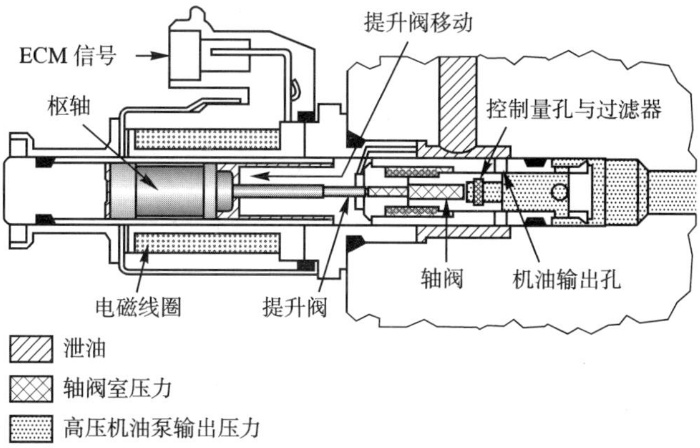

(b) 发动机运转时

图 5.15 喷射压力调节器的构造与作用(Medium/Heavy Duty Truck Engines, Fuel & Computerized Management, Sean Bennett)

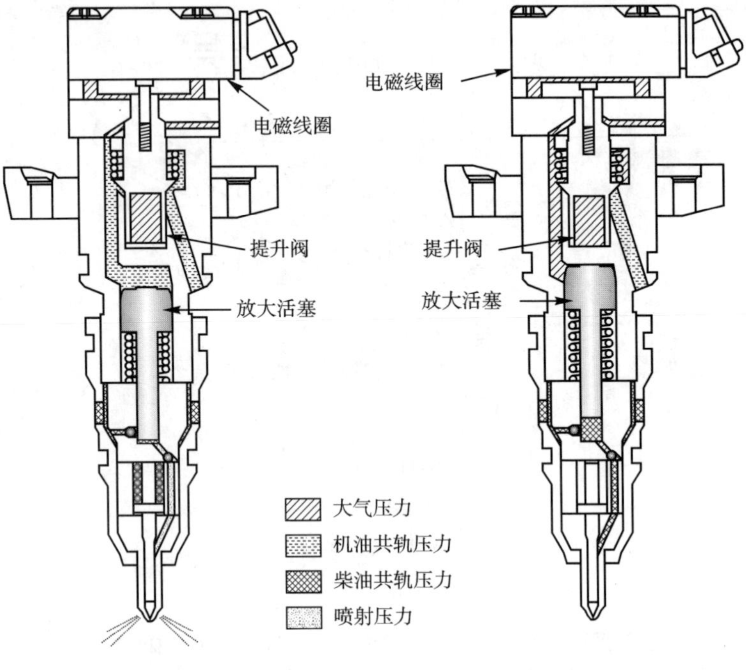

(a) 电磁线圈 ON 时　　(b) 电磁线圈 OFF 时

图 5.16　高压机油使放大活塞动作(Medium/Heavy Duty Truck Engines, Fuel & Computerized Management, Sean Bennett)

3.整体式喷油器的构造与作用

⑴**整体式喷油器具备泵油(Pumping)、计量(Metering)与雾化(Atomizing)等功能。**

⑵喷油器上方的电磁线圈，其作用电压为 115 V。

⑶提升阀

①提升阀与电磁阀的电枢是成一体的，提升阀组有上阀座与下阀座，平常提升阀与下阀座接触，阻止高压机油进入放大活塞上方。

②当电磁线圈ON时，提升阀向上，下阀座打开，高压机油进入放大活塞上方，如图 5.17 所示。当提升阀全开时，上阀座关闭，以阻止机油流出。

⑷放大活塞或强化活塞（加厚活塞）

①由 ECM 控制喷射压力调节器，改变进入放大／强化活塞（加厚活塞）上方的机油压力，可决定放大／强化活塞（加厚活塞）下行的速率及变化柴油的喷射压力。

②设柱塞的截面积为 1，则放大／强化活塞（加厚活塞）的截面积大小，可决定机油压力作用时能产生的倍数。如 Caterpillar 放大活塞的截面积为 6，Navistar 加强活塞的截面积为 7，则当机油压力都是 20 MPa 时，Caterpillar 的柴油喷射压力为 120 MPa，Navistar 的柴油喷射压力则为 140 MPa。

⑸**喷油嘴的喷射开始压力介于 35 ~165 MPa 之间。**

⑹较新型的整体式喷油器，每一次喷射均有引燃喷射作用，以减少NO_x排出。

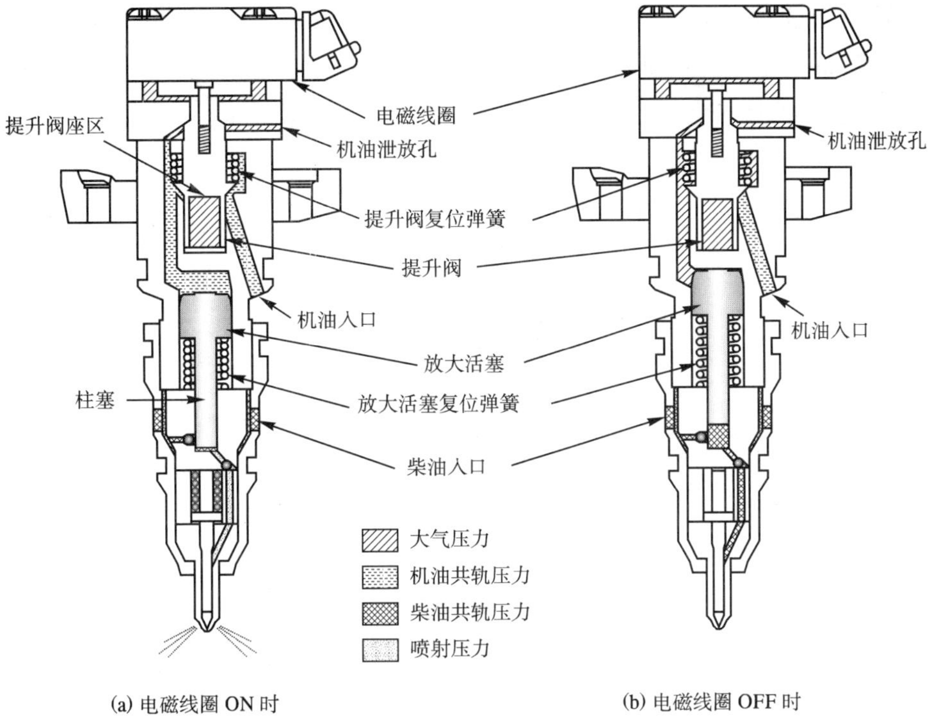

图 5.17 整体式喷油器的构造与作用(Medium/Heavy Duty Truck Engines, Fuel & Computerized Management, Sean Bennett)

三、新型提前喷射计量(Pre-Injection Metering)式 HEUI

新型 HEUI 的构造，如图 5.18 所示，电磁线圈装在整体式喷油器的侧边。其喷射作用，可分成五种不同阶段。

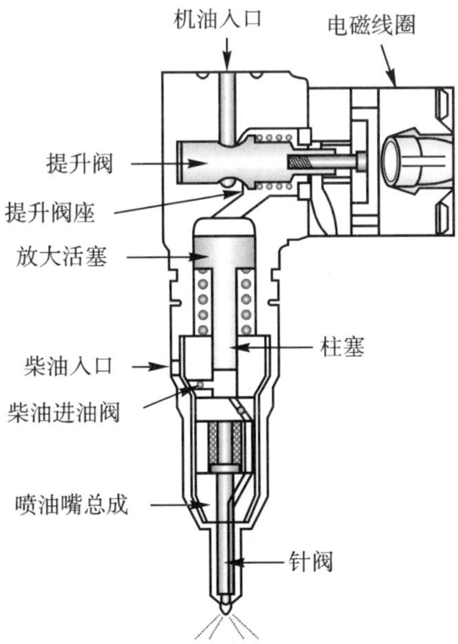

图 5.18 新型提前喷射计量式HEUI的构造(Medium/Heavy Duty Truck Engines, Fuel & Computerized Management, Sean Bennett)

1.提前喷射(Pre-Injection)作用

HEUI内部零件都在其原始位置，即提升阀封住下阀座，阻止高压机油进入，放大活塞及柱塞在其上方位置，低压柴油则送入柱塞下端油室内，如图5.19所示。

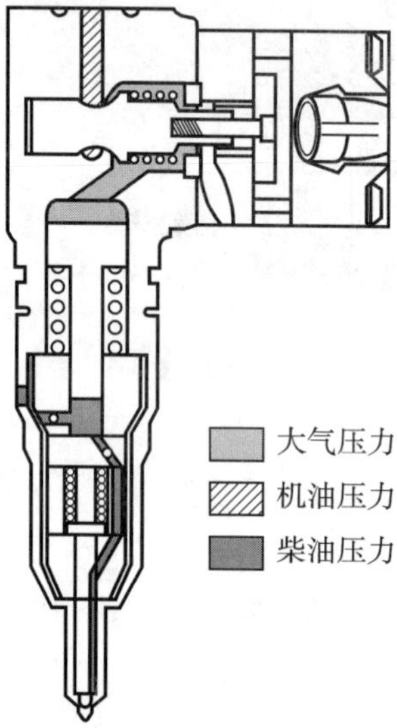

图5.19 新型HEUI的提前喷射作用(Medium/Heavy Duty Truck Engines, Fuel & Computerized Management, Sean Bennett)

2.引燃喷射(Pilot Injection)作用

电磁线圈ON，柱塞开始向下，柴油压力升高，喷油嘴打开喷出少量柴油。当柱塞上引燃喷射凹槽(Recess)与回油孔(Spill Port)相对时，柴油压力下降，喷油嘴关闭，结束引燃喷射作用。

3.延迟(Delay)周期作用

引燃喷射结束后与主喷射开始这段时间称为延迟周期，此周期已喷射的柴油持续蒸发，并升温至着火点；而提升阀保持打开，放大活塞则持续下行。

4.主喷射(Main Injection)作用

当柱塞上凹槽越过回油孔，柴油再度被限制在油室内，压力升高，进行主喷射，如图5.20所示。

5.结束喷射(End of Injection)作用

电磁线圈OFF时，结束喷射作用开始，弹簧驱使提升阀移向下阀座，上阀座打开，使高压机油泄出，喷射作用结束，提升阀、放大活塞／柱塞及喷油嘴针阀等均回到提前喷射作用时的位置，如图5.21所示。

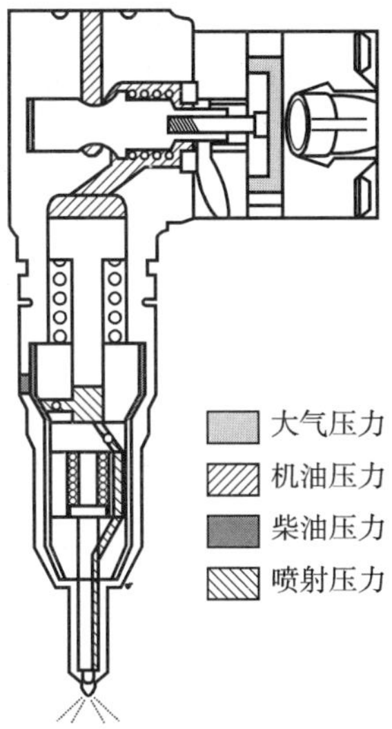

图 5.20　新型 HEUI 的主喷射作用(Medium/Heavy Duty Truck Engines, Fuel & Computerized Management, Sean Bennett)

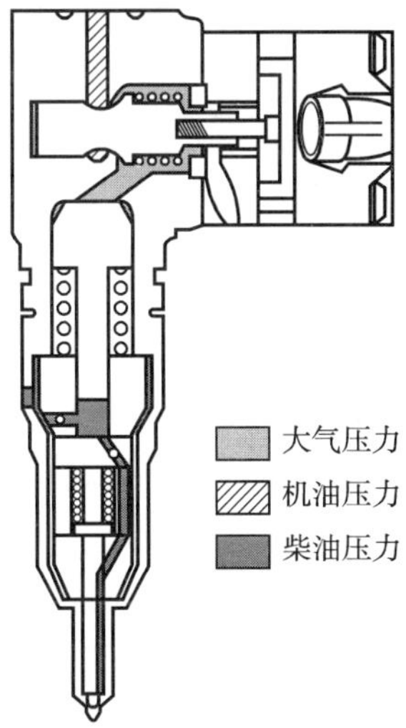

图 5.21　新型 HEUI 的结束喷射作用(Medium/Heavy Duty Truck Engines, Fuel & Computerized Management, Sean Bennett)

课后测评

一、是非题（是打√、非打X）

(　)1.Isuzu等所采用的共轨式喷射系统，其机油共轨内压力可达20~40 N/cm^2。

(　)2.Isuzu等所采用的共轨式喷射系统，可归类为低压柴油共轨式。

(　)3.Bosch与Denso的共轨式喷射系统，可归类为低压柴油共轨式。

(　)4.共轨式的高喷射压力，若无其他功能的配合，对NO_x是不利的。

(　)5.柴油发动机只靠共轨技术，可达到高性能、低污染、低油耗、低噪声与振动等目的。

(　)6.Isuzu共轨式喷射系统，其柴油共轨的最高压力为40N/cm^2。

(　)7.Isuzu共轨式喷射系统，其低压柴油泵是由高压机油泵所驱动。

(　)8.Isuzu共轨式喷射系统，其整体式喷油器电磁线圈下方的提升阀，是用来控制柴油的进入与否。

(　)9.Isuzu共轨式喷射系统，整体式喷油器内所利用的帕斯卡原理，与制动总泵所采用的是相同的。

(　)10.Isuzu共轨式喷射系统，延长整体式喷油器内提升阀的关闭时间，即可提高喷射压力。

(　)11.Caterpillar/Navistar HEUI系统的作用与Isuzu共轨式喷射系统相同。

(　)12.Caterpillar/Navistar HEUI系统的喷射压力调节器是装在机油共轨上。

(　)13.Caterpillar/Navistar HEUI系统，整体式喷油器内电磁线圈ON，提升阀打开时，是让高压机油进入活塞上方。

(　)14.Caterpillar/Navistar HEUI系统的引燃喷射作用，可减少产生NO_x。

(　)15.Caterpillar/Navistar新型HEUI系统，其整体式喷油器内的柱塞上有凹槽，以控制主喷射。

二、选择题

(　)1.Isuzu等所采用的共轨式喷射系统，其柴油共轨内的压力在怠速时为　(A) 0.2~0.4　(B)20~40　(C)60~80　(D)135~180　MPa。

(　)2.下列哪项是错误的？　(A)1 kg/cm^2= 14.223 psi　(B)1 kg/cm^2= 0.98 bar(C)1 MPa =10.24 kg/cm^2　(D)1 kg/cm^2= 1 bar。

(　)3.柴油发动机曲轴两侧加装平衡轴，可　(A)提高发动机输出　(B)降低中、高转速时发动机的振动　(C)减低排放污染　(D)降低油耗。

(　)4.Isuzu共轨式喷射系统，其高压机油泵排出的压力可达　(A)20~40　(B) 100~250　(C)400~2000　(D)2500~5000　N/cm^2。

(　)5.Isuzu 共轨式喷射系统，其高压机油泵是由 (A)曲轴 (B)凸轮轴 (C)电动泵 (D)电磁阀 驱动。

(　)6.Isuzu 共轨式喷射系统，其柴油的高压是在 (A)高压泵 (B)共轨 (C)喷油器 (D)喷射泵 内建立的。

(　)7.Isuzu共轨式喷射系统的喷射压力为 (A)1000～1500 (B)2800～14000 (C)14500～16500 (D)17000～20000 N/cm^2。

(　)8.Isuzu 共轨式喷射系统整体式喷油器内，活塞／柱塞的截面积比为 (A) 1：5(B)3：1 (C)1：9 (D)7：1。

(　)9.Isuzu 共轨式喷射系统，整体式喷油器内电磁阀，是控制 (A)高压柴油的泄油 (B)高压机油的进入 (C)低压柴油的进入 (D)高压柴油的进入 以达到柴油喷射之目的。

(　)10.Isuzu共轨式喷射系统，改变 (A)机油压力大小 (B)低压柴油大小 (C)高压柴油大小 (D)柴油共轨内压力 即可变化喷射压力的大小。

(　)11.Caterpillar/Navistar HEUI 系统，高压机油泵可将机油压力升高到最高达(A)3.3 (B)10.5 (C)15 (D)27.5 MPa。

(　)12.Caterpillar/Navistar HEUI系统的机油压力，是由 (A)柴油压力调节器 (B)机油储存室 (C)喷射压力调节器 (D)机油共轨 调整。

(　)13.Caterpillar/Navistar HEUI系统的整体式喷油器，无下列何种作用 (A)使柴油高压化 (B)计测柴油量 (C)雾化 (D)使机油高压化。

(　)14.Caterpillar/Navistar HEUI系统的喷射压力为 (A)5～25 (B)35～165 (C)170～220 (D)350～1650 MPa。

(　)15.设放大活塞与柱塞的截面积比为 10：1，则当机油压力为 15 MPa时，柴油喷射压力为 (A)150 (B)10 (C)15 (D)75 MPa。

三、问答题

1. Isuzu 等所采用的共轨式喷射系统，其共轨有何特点？
2. Isuzu 应用在 3.0L 新型柴油发动机的低公害技术有哪些？
3. 写出 Isuzu 共轨式喷射系统的优点。
4. 何谓整体式喷油器？
5. Isuzu 共轨式喷射系统的整体式喷油器，为何能将低压柴油变成高压？
6. 试述 Isuzu 共轨式喷射系统，当柴油喷射时整体式喷油器的作用。
7. Caterpillar/Navistar HEUI系统，柴油共轨端的柴油压力调节器有何功用？
8. 试述 Caterpillar/Navistar HEUI 系统高压机油泵的构造及作用。

9. 试述 Caterpillar/Navistar HEUI 系统喷射压力调节器的作用。
10. 试述 Caterpillar/Navistar HEUI 系统整体式喷油器内提升阀的构造。
11. Caterpillar/Navistar HEUI系统，ECM控制喷射压力调节器，可达何种功能？
12. Caterpillar/Navistar 新型 HEUI 系统的喷射作用，可分哪五个阶段？
13. 试述 Caterpillar/Navistar 新型 HEUI 系统的引燃喷射作用。
14. 试述 Caterpillar/Navistar 新型 HEUI 系统的延迟周期的状况。
15. 试述 Caterpillar/Navistar 新型 HEUI 系统的结束喷射作用。

CHAPTER 6

Modern of Diesel Engine Device

整体式喷油器式柴油喷射系统

6.1 整体式喷油器式柴油喷射系统

6.1.1 Detroit 整体式喷油器式柴油喷射系统

一、概 述

1.美国底特律柴油机公司(Detroit Diesel Corporation)是北美地区第一个将载货车及客车的柴油发动机改为电脑控制的公司。

2.电子式整体式喷油器(Electronic Unit Injector，EUI)将泵油、计量与雾化整合在喷油器中完成，泵油(Pumping)由发动机凸轮轴负责，计量(Metering)由电脑控制电磁阀通电时间之长短以计量，雾化(Atomizing)则由喷油嘴完成。

3.柴油由油箱吸出，经燃油泵与柴油滤清器后，送往单体喷油器内的压力约334 kPa(3.3 atms)。

二、电脑控制系统的构造与作用

1.各种输入信号(如图 6.1 所示)

(1)正时参考(Timing Reference)传感器：即曲轴位置传感器，采用又称磁电式的AC脉冲发生器(AC Pulse Generator)，6齿或36齿正时转子(Reluctor)装在曲轴前端。

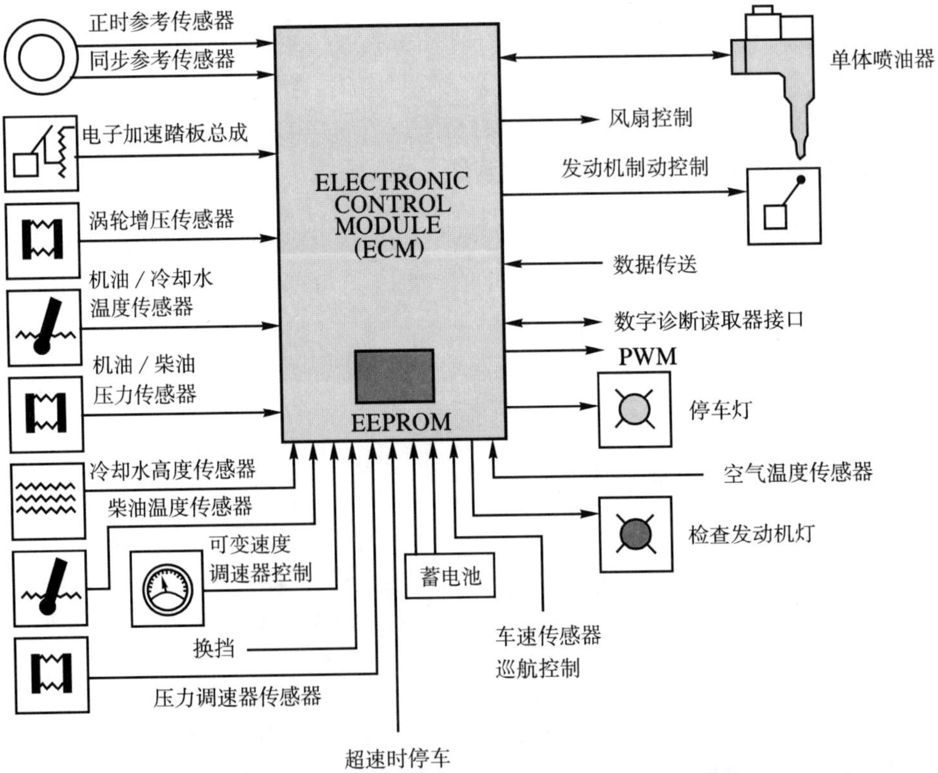

图 6.1 Detroit整体式喷油器式柴油喷射系统的电脑控制系统(Medium/Heavy Duty Truck Engines, Fuel & Computerized Management, Sean Bennett)

⑵同步参考(Synchronous Reference)传感器：即曲轴特定位置传感器，采用AC脉冲发生器，正时转子设在凸轮轴上。当发动机转动时，正时参考与同步参考两传感器都必须作用，若任一者有故障，当发动机转动10s后，即会使检查发动机灯点亮。

⑶电子加速踏板总成(Electronic Foot Pedal Assembly)：如图6.2所示，为线传驱动(Drive by Wire)的形式，内有节气门位置传感器(Throttle Position Sensor，TPS)，TPS接收5 V参考电压，依加油踏板踩踏行程的大小，改变回馈电压。电压值在ECM内转换为数(Counts)，如怠速零行程时为100～130 TPS数，全行程时为920～950 TPS数。

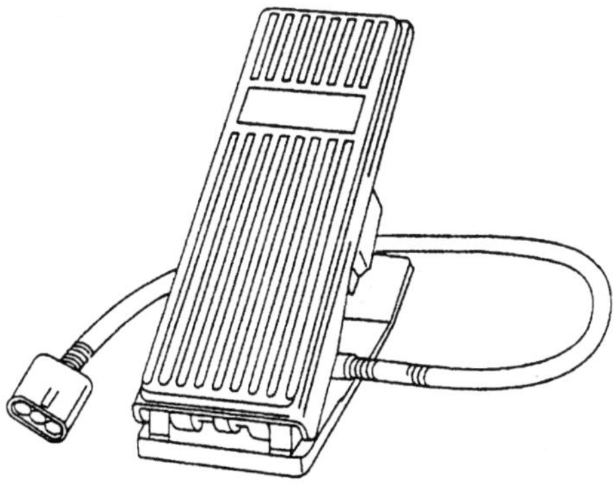

图6.2 电子加速踏板总成(Medium/Heavy Duty Truck Engines, Fuel & Computerized Management, Sean Bennett)

⑷涡轮增压传感器(Turbo-Boost Sensor)：采用可变电容原理(Variable Capacitance Principle)，提供ECM大气压力及歧管压力资料，计量范围为0～3MPa。监测大气压力，可知氧气密度；监测涡轮增压压力，可知发动机负荷，以调节理想的空燃比。

⑸机油温度传感器：为负温度系数(Negative Temperature Coefficient，NTC)型传感器，当机油温度超过一定极限时，ECM会启动保护机制，使停车灯(Stop Engine Light)点亮，以警告驾驶员。

⑹冷却水温度传感器：为NTC型传感器，当冷却水温度超过一定极限时，ECM会启动保护机制，使停车灯点亮，以警告驾驶员。

⑺柴油温度传感器：为NTC型传感器，用以帮助ECM调节空燃比。

⑻机油压力传感器：为可变电容式传感器，若油压过低时，ECM会启动保护机制，使停车灯点亮，以警告驾驶员。

⑼柴油压力传感器：为可变电容式传感器，当柴油滤清器堵塞时，ECM会警告驾驶员。

⑽冷却水高度传感器(Coolant Level Sensor)：为开关式(Switch Type)传感器，电路经由冷却水搭铁。传感器装在水箱上方，若水位过低，则搭铁中断，ECM会启动发动机保护机制。

⑾车速传感器：为感应脉冲发生器式(Induction Pulse Generator Type)，36齿正时转子装在变速器输出轴上，提供信号做为巡航控制(Cruise Control)与车速限制用。

⑿空气温度传感器：为NTC型传感器，是ECM的重要输入信号之一，以计算冷起动时的喷射正时与喷油量，调节空燃比及怠速转速。

2.输出控制电子整体式喷油器(EUI)

⑴ **EUI用于直接喷射式的二或四冲程柴油发动机，喷射压力约为34.4 MPa，最高峰值压力可达172 MPa，**其外观如图6.3所示。

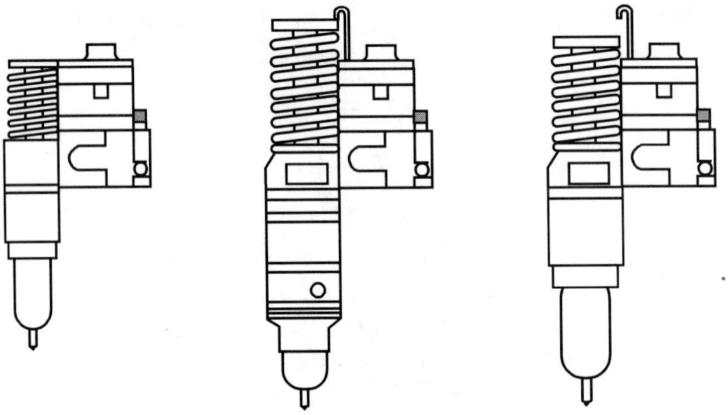

(a)71&92系列　　(b)60系列　　(c)149系列

图6.3　EUI的外观(Medium/Heavy Duty Truck Engines, Fuel & Computerized Management, Sean Bennett)

⑵ EUI的柱塞由发动机凸轮轴以固定行程驱动，电枢与提升阀成一体，如图6.4与图6.5所示，当电磁线圈OFF，提升阀打开，柴油可通过电磁阀下端通道，进入柱塞下方的油室；当电磁线圈 ON，提升阀关闭，柴油被密封在柱塞下方油室内，柱塞下移至油压达喷油嘴开启压力时，柴油开始喷射。

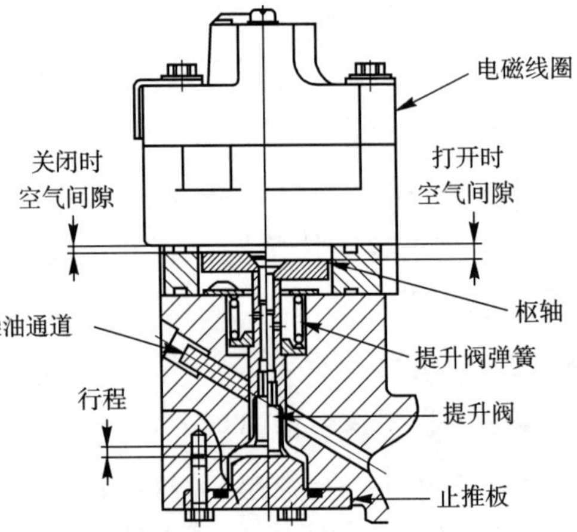

图6.4　EUI电磁阀的构造(Medium/Heavy Duty Truck Engines, Fuel & Computerized Management, Sean Bennett)

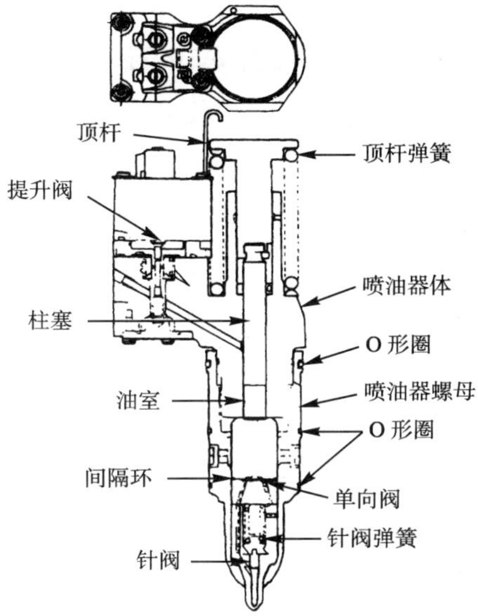

图 6.5　EUI 的构造(Medium/Heavy Duty Truck Engines, Fuel & Computerized Management, Sean Bennett)

⑶从电磁阀 ON 至开始喷油，中间有一段时间延迟(Time Lag)，又称为喷油器反应时间(Injector Response Time)。ECM 可由每一 EUI 前两次作用电压波形，计算此一延迟时间，并予以补偿，以维持最适当的喷油量与喷射提前之平衡，如图 6.6 所示。

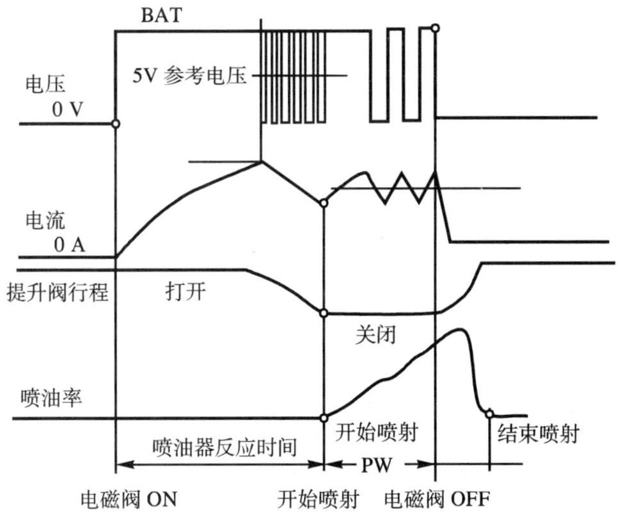

图 6.6　EUI 作用时的波形(Medium/Heavy Duty Truck Engines, Fuel & Computerized Management, Sean Bennett)

⑷**较新型的电脑控制系统，可进行引导喷射，此项技术被部分控制系统用来做为冷起动时消除爆震，及起动后使排烟减至最小。**在冷发动机起动时，先喷少量柴油，并计算着火时间，以免多量柴油延迟着火而造成爆震。

⑸利用数字诊断读写器(Digital Diagnostic Reader)ProLink 9000 的电子维修工

具(Electronic Service Tool)，如图 6.7 所示，与车上诊断插头连接，可读取系统参数(Reading System Parameters)、基准数据(Calibration Data)、诊断(Diagnostics)、数据编程(Data Programming)、恢复故障(Recalling Faults)等双向沟通，并可利用打印机列印数据。其中的数据编程，因 ProLink 9000 适用美国各大重型车制造厂，如 Detroit Diesel、Caterpillar、Cummins、Mack Trucks 等公司所制造的电脑控制柴油喷射系统，只要依不同厂牌，更换不同的数据磁带(Data Cartridge，又称程式卡)与连接电缆(Attaching Cables)，即可进入电脑系统，本模式允许车主变更发动机的驾驶性能(Driveability)，以配合不同的用途及驾驶者的喜好。

图 6.7 数字诊断读写器及打印机(Medium/Heavy Duty Truck Engines, Fuel & Computerized Management, Sean Bennett)

3.检查发动机灯(Check Engine Light)与停车灯(Stop Engine Light)

⑴检查发动机灯点亮时，表示系统有故障，应到修理厂进行检修。

⑵停车灯点亮时，表示系统发生的故障可能造成更严重的后果，因此使发动机熄火或转速降到怠速。

6.1.2 Audi 整体式喷油器式柴油喷射系统

一、概述

Audi的 1.9 TDI柴油发动机，是采用整体式喷油器式，其最大功率为 96kW/4000(r/min)，最大转矩为 291N·m/1750(r/min)。

二、Audi 整体式喷油器的构造与作用

Audi整体式喷油器的构造，如图 6.8 所示，凸轮轴经摇臂驱动柱塞，使柱塞下方的柴油压力提高，最高压力甚至可超过 200MPa。整体式喷油器旁边装有电磁阀，也是利用提升阀使柴油通道打开或关闭，以达到控制喷射正时与喷油量的目的。

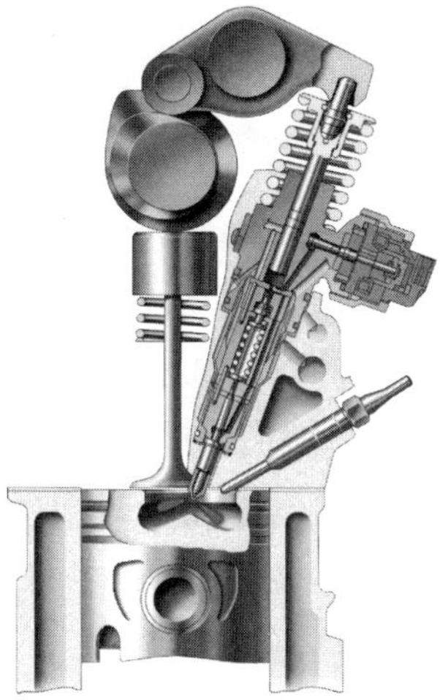

图 6.8　Audi 1.9 TDI 单体喷油器的构造(Audi)

6.1.3　VW 整体式喷油器式柴油喷射系统

一、概述

1.大多数的厂商似乎都同意，共轨式喷射系统比其他喷射系统较具优势，不过，VW 集团的做法例外，长期以来，VW 一直致力于发展 UI 系统，以充分发挥其高压及高转矩特性。

2.VW 于 1998 年首先在 Passat TDI 发动机采用 Bosch 的 UI 系统，接下来 VW 很多车系均陆续采用，其中包括Golf 1.9L TDI，与能输出 226kW、750 N·m的V10 5.0L TDI。如图 6.9 所示，为 VW 1.9L TDI 发动机的剖面图，是继 VW Lupo 3.0L TDI、Audi A2 TDI之后，符合 2005 年 Euro 4 排放标准的第三款柴油小轿车。

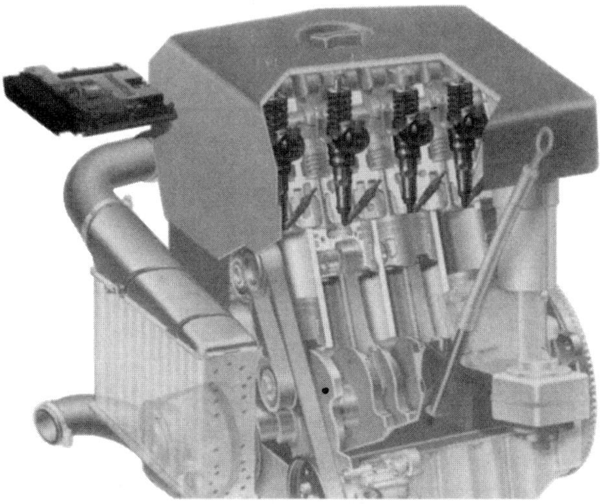

图 6.9　采用 Bosch UI 系统的 VW Golf 1.9L TDI 发动机(Automative Engineering,SAE)

二、Bosch UI 系统

1.Bosch 初期发展的 UI 系统

⑴整体式喷油器是直接安装在汽缸盖上，每一喷油器有高速电磁阀(High-Speed Solenoid Valve)控制喷射开始与结束。当电磁阀打开时，柴油进入回油管内，故不喷油；当电磁阀关闭时，柴油被封闭在柱塞下方，因柱塞下行而变成高压，柴油喷入汽缸内。电磁阀关闭的瞬间，柴油喷射开始；而电磁阀持续关闭的时间，则可决定喷油量。如图 6.10 所示，为 Bosch 初期整体式喷油器的构造。

⑵本系统电磁阀所控制的压力，比汽油发动机喷射系统高 300~500 倍，作用速度则快 10~20 倍。**喷油嘴喷射压力达 150MPa，加上电脑控制喷射开始及喷射持续时间，故可降低排放污染。**

⑶因采用电脑控制，故具有温度控制喷射开始(Temperature-Controlled Start of Injection)、发动机圆滑运转控制(Engine Smooth-Running Control)等功能；再进一步是采用引导喷射，可减低噪声；更新的设计是在部分负荷操作(Partload Operation)时，让部分汽缸不作用，以达到更省油、更安静运转的目的。

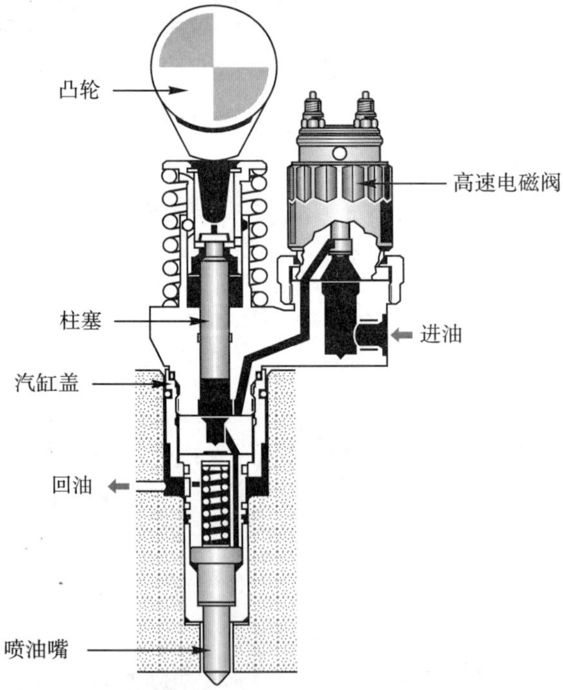

图 6.10　Bosch 初期单体喷油器之构造(Technical Instruction，BOSCH)

2.目前 Bosch 的 UI 系统，其柴油喷射压力为 200 MPa(29 ksi)，可达到极细的雾化效果与充分分布在整个燃烧室，在提升性能的同时，也能减低油耗与排放污染。图 6.11 所示为各整体式喷油器的外观。

图 6.11 Bosch UI 系统的单体喷油器(Automative Engineering, SAE)

6.1.4 其他类型整体式喷油器柴油喷射系统

一、概 述

1.本类型称为电脑控制泵与喷油器整体式柴油喷射系统(Electronically Controlled Unit Combined Pump/Injector Diesel Injection System)，实际上也是整体式喷油器的一种。

2.其喷油器的基本构造与以往单式高压喷射系统喷油器很相似，是由发动机凸轮轴经摇臂直接驱动喷油器内的柱塞，以产生高压油。

3.燃油泵系齿轮式，由发动机正时齿轮驱动，持续供油给进油道及整体式喷油器，供油压力经溢流阀(Overflow Valve)调节为约 0.35MPa。柴油滤清器外壳上有手动泵，以排放低压系统内空气。

二、整体式喷油器的构造与作用

1.合并泵与喷油器功能一起的整体式喷油器，垂直装在汽缸盖上气门的中间，由汽缸盖上凸轮轴经摇臂使喷油器内柱塞下移，如图 6.12 所示。

2.整体式喷油器的上半部为柱塞、柱塞筒与柱塞复位弹簧等，喷油器的下半部为喷油嘴、弹簧及环绕喷油器体周围的进、回油道，当喷油器装入汽缸盖后，进、回油道与汽缸盖上进、回油道相通，接合处以 O 形密封圈密封以防漏油。

3.汽缸盖上凸轮轴，每缸有三个凸轮，中间凸轮驱动柱塞，左右侧凸轮分别驱动进排气门。

4.润滑喷油嘴针阀的柴油，流经进油孔，进入进油道，故无回油管。

5.油泵与喷油器整体式的特点是柱塞下方的压力室与喷油嘴间的油道非常短，**可允许高达 200MPa 的喷射压力，且喷射结束非常迅速，因此喷油嘴的滴油现象几乎不**

会发生。

三、控制系统的作用

1.电脑接收曲轴角度位置、汽缸爆发顺序、发动机转速、加油踏板位置、增压压力、进气温度及水温等信号，经比较处理后，依爆发顺序，将电压脉冲信号送给各缸整体式喷油器上的电磁线圈。

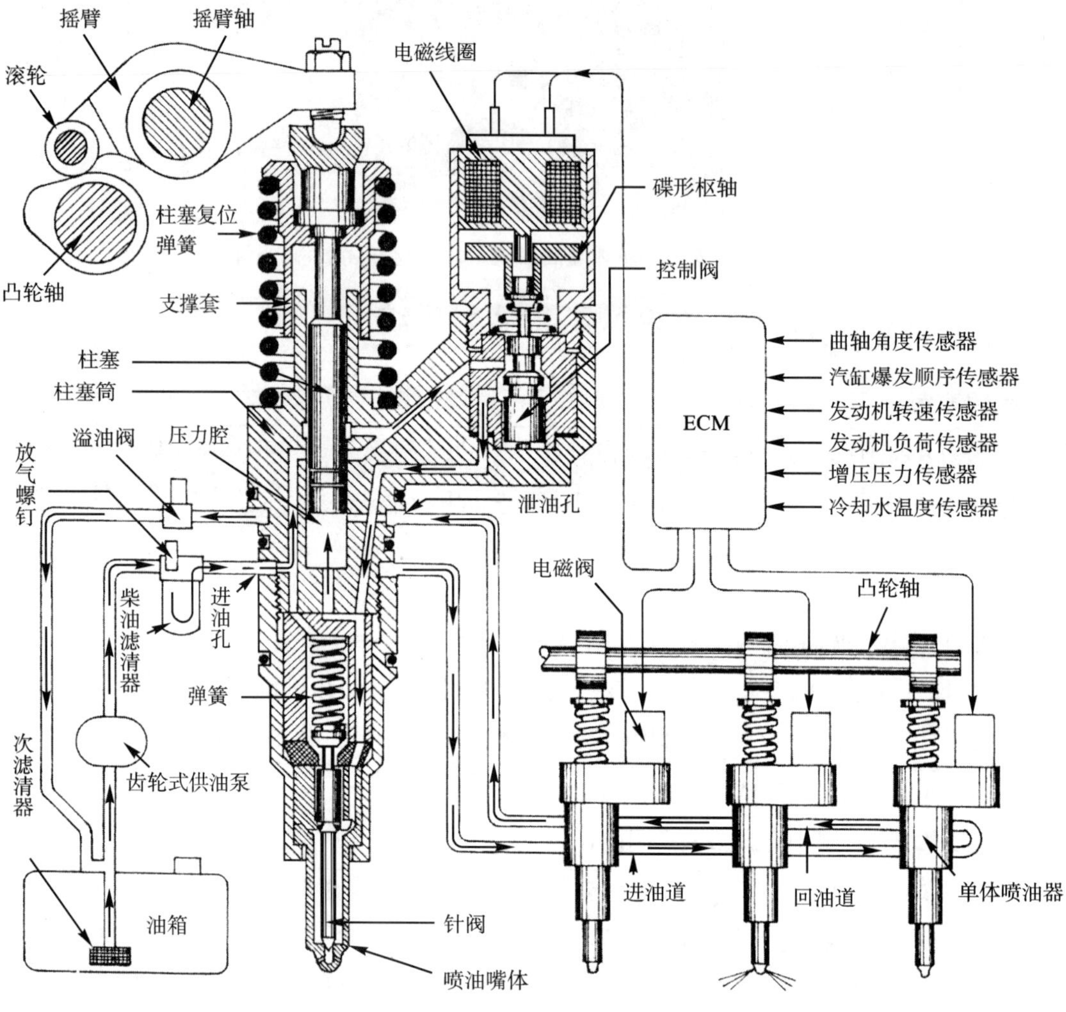

图 6.12 电脑控制泵与喷油器整体式柴油喷射系统(VEHICLE AND ENGINE TECHNOLOGY, Heinz Heisler)

2.电脑在适当的时间使电磁线圈作用，以控制喷射正时，并依发动机转速与负荷等以控制持续喷射时间；尤其在怠速时，控制各缸相同的喷油量，以维持怠转稳定性。

3.整体式喷油器的作用

⑴进油作用

①凸轮轴凸轮转过最高点时，柱塞因复位弹簧的张力向上升，此时控制阀(Control

Valve)打开，如图 6.12 所示，控制阀即前面的叙述中常提到的电磁阀中的提升阀。

②齿轮式燃油泵将柴油先压入汽缸盖内位置较低的进油道，经内部油道，进入柱塞下方的压力腔，进油作用继续进行，直至柱塞达上止点时，泄油孔打开，柴油从较高的油道流回油箱，此种柴油的循环，可防止产生气阻(Air-Lock)并有助于冷却喷油器总成。

⑵回流作用：柱塞从上止点下行时，控制阀持续打开，柴油从压力腔经打开的控制阀，被压回低压的进油道。柱塞下行时，只要控制阀打开，则回流作用持续进行。

⑶喷射作用

①在柱塞下行时，电脑送电给电磁线圈，电磁吸力吸引碟形电枢，控制阀关闭，此一瞬间，压力腔的柴油只能与喷油嘴相通，由于柱塞继续下行，故产生的高压克服喷油嘴弹簧张力，针阀上提，露出喷孔，柴油喷入燃烧室。

②喷射作用会继续进行，直至电脑停止送电给该汽缸喷油器之电磁线圈，控制阀再度打开时喷射停止。故**控制阀越早关闭，喷射越提前；控制阀越晚关闭，喷射越延后；另柱塞每一下行行程时，控制阀越早关闭，且越晚打开时，则喷油量越多**。这些功能，均可由电脑精确控制电磁阀而达成。

⑷压力降低作用：当正确的油量喷射后，电脑切断电磁线圈的通电，控制阀打开，瞬间压力腔与喷油嘴间的高压立即降低，喷油嘴针阀迅速关闭。

课后测评

一、是非题（是打√、非打X）

( )1.整体式喷油器系统柴油的雾化，与共轨式喷射系统相同，都是由喷油嘴完成。

( )2.Detroit整体式喷油器系统，当水温或机油温度超过一定极限时，检查发动机灯会点亮，以警告驾驶员。

( )3.Detroit整体式喷油器式系统，其冷却水高度传感器是装在发动机体上方。

( )4.Detroit整体式喷油器式系统，其冷却水高度传感器是采用AC脉冲发生器式。

( )5.Detroit 整体式喷油器式系统，其柴油温度传感器之信号，可帮助 ECM 调节空燃比。

( )6.整体式喷油器式喷射系统，不能进行引燃喷射作用。

( )7.更换不同的数据磁带与连接电缆，使用ProLink 9000，可对美国各大品牌重型车的电脑系统进行数据编程。

( )8.全世界各大汽车制造厂中，一直致力于研发柴油发动机UI系统的是VW。

( )9.其他形式的整体式喷油器系统，整体式喷油器是由发动机经怠轮驱动，以获得高压。

( )10.Detroit整体式喷油器式系统除外，其他各型整体式喷油器式的喷射压力均可达160MPa。

二、选择题

( )1.Detroit 整体式喷油器式系统，将低压柴油转变成高压，是由 (A)高压泵 (B)喷射泵凸轮轴 (C)活塞／柱塞间的截面积差 (D)发动机凸轮轴 达成。

( )2.Detroit整体式喷油器式系统，未喷油前，整体式喷油器内的柴油压力约为 (A)2~4 MPa (B)334 kPa (C)135MPa (D)35MPa。

( )3.Detroit整体式喷油器式系统，利用涡轮增压传感器监视大气压力，可知 (A)氧气密度 (B)发动机负荷 (C)发动机转速 (D)进气温度。

( )4.Detroit 整体式喷油器式系统，用以警告柴油滤清器堵塞的是 (A)机油温度 (B)柴油压力 (C)柴油温度 (D)冷却水高度 传感器。

( )5.Detroit 整体式喷油器式系统，EUI 内电磁线圈 ON 时，是 (A)让柱塞上方高压柴油泄出 (B)让高压机油进入活塞上方 (C)使低压柴油被密封在柱塞下方油室内 (D)使高压柴油从柱塞下方泄出。

( )6.新型Detroit整体式喷油器式系统，在冷发动机起动时可进行引燃喷射，以控制 (A)喷射压力 (B)出油率 (C)发动机转矩 (D)爆震。

(　)7.Audi 整体式喷油器式系统的喷射压力可达　(A)135　(B)150　(C)180　(D)200　MPa 以上。

(　)8.目前Bosch的UI系统，其喷射压力可达　(A)20　(B)200　(C)350　(D)1350　MPa。

(　)9.其他形式的整体式喷油器式系统，燃油泵供给整体式喷油器的柴油压力为　(A)0.35　(B)2.5　(C)20　(D)35　MPa。

(　)10.其他形式的整体式喷油器式系统，整体式喷油器若在回流作用状态时，则此时是　(A)引导作用时　(B)柴油喷射时　(C)柴油不喷射时　(D)结束喷射时。

三、问答题

1. 试述 Detroit 整体式喷油器式系统 EUI 的基本作用。
2. 试述 Detroit 整体式喷油器式系统电子加速踏板总成的构造与作用。
3. Detroit 整体式喷油器式系统的机油温度传感器有何功用?
4. Detroit 整体式喷油器式系统的柴油温度传感器有何功用?
5. EUI 作用时，何谓喷油器反应时间?
6. Detroit 整体式喷油器式系统，利用 ProLink 9000 可实施哪些项目操作?
7. 利用 ProLink 9000 实施数据编程时，是变更何种内容?
8. Detroit 整体式喷油器式系统的发动机灯与停车灯点亮时，分别表示什么?
9. 目前 Bosch 的 UI 系统可达到哪些效果?
10. 其他形式的整体式喷油器式系统，当柴油喷射时，控制阀的开、关，如何影响喷射作用?

CHAPTER 7

Modern of Diesel Engine Device

其他各种电脑控制柴油喷射系统与新技术

7.1 其他各种电脑控制柴油喷射系统与新技术

7.1.1 电子控制 PE 型直列式燃油喷射泵系统

一、概述

电子控制 PE 型直列式燃油喷射泵系统(Electronically Controlled PE In-Line Fuel Injection Pumps System)，**是在传统式的直列式喷射系统上加装各种传感器及齿杆执行器，省略了机械式调速器，使喷射泵的柴油喷射量控制更精确。**

二、构造与作用

1.电脑控制PE型直列式喷射泵柴油喷射系统的组成，如图 7.1 所示，由齿杆行程传感器(Rack Travel Sensor)、泵速传感器(Pump Speed Sensor)、柴油温度传感器(Fuel Temperature Sensor)、水温传感器、进气温度传感器、加速踏板传感器(Accelerator Pedal Sensor)、制动、排气制动器及离合器开关(Switches for Brakes, Exhaust Brake, Clutch)、车速传感器、压力传感器等，及 ECM 与齿杆执行器等所组成。而图 7.2 所示，为整个系统的作用框图。

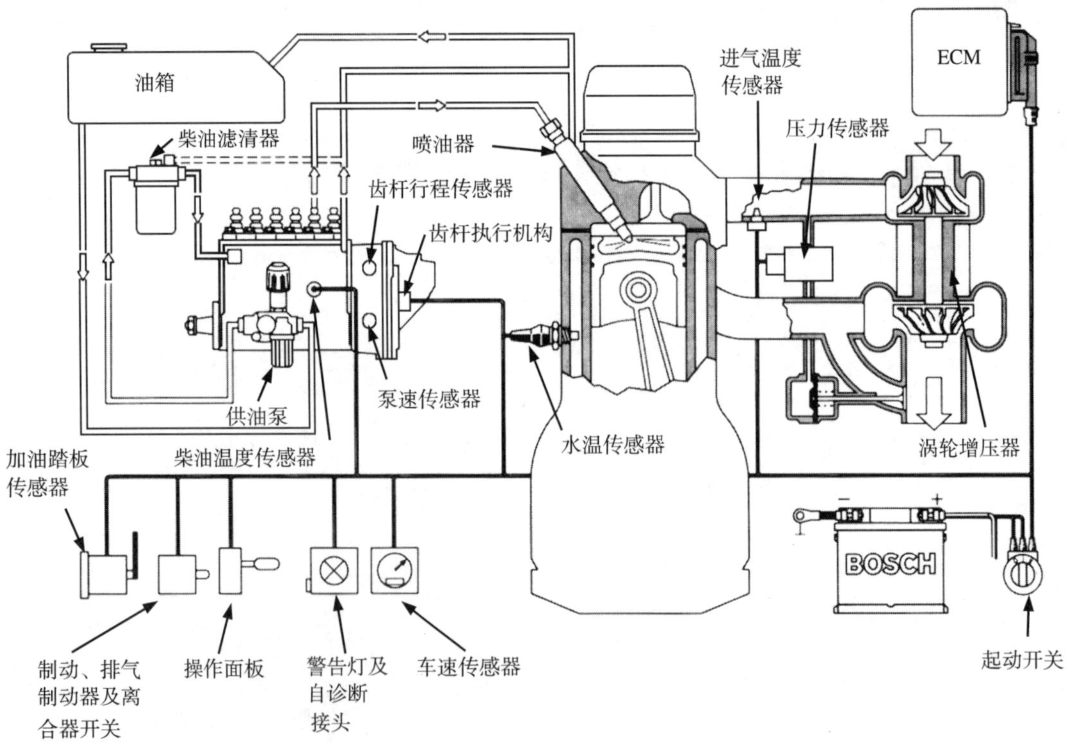

图 7.1 电子控制 PE 型直列式燃油喷射泵系统的组成(Technical Instruction, BOSCH)

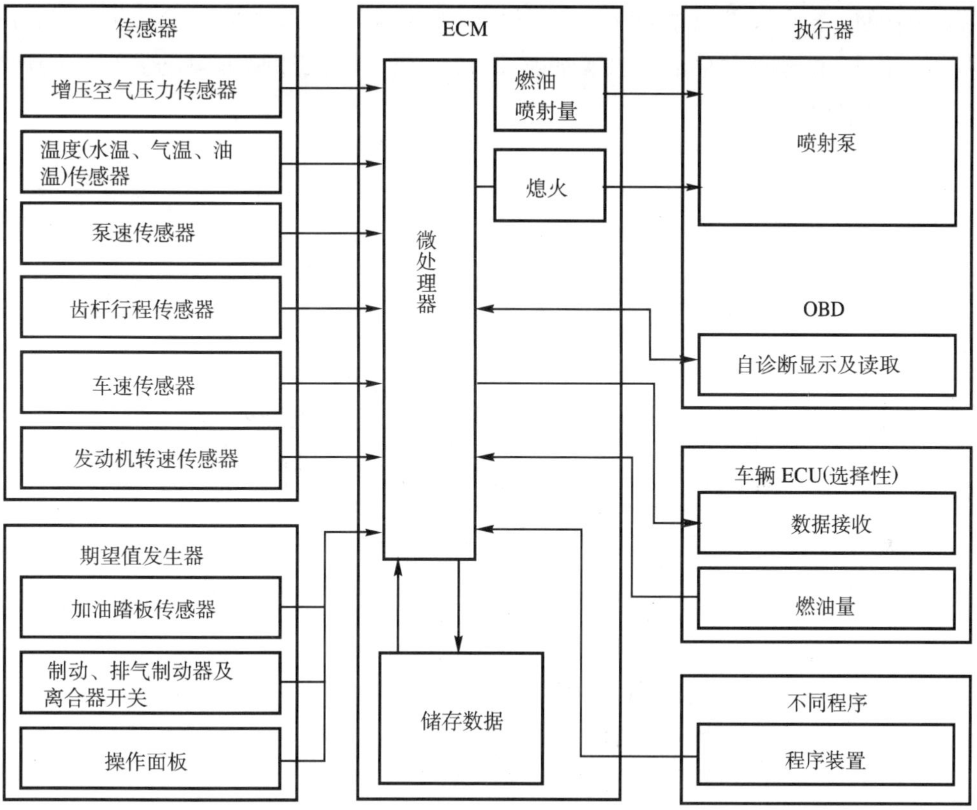

图 7.2　电子控制 PE 型直列式燃油喷射泵系统的作用框图(Technical Instruction, BOSCH)

2.各零组件说明

⑴**齿条行程传感器：用以送出喷射泵齿杆所在位置的信号。**

⑵泵速传感器：为磁电式传感器，用以送出喷射泵凸轮轴的转速信号。

⑶温度传感器：分别送出发动机冷却水温度、进气温度及柴油温度等信号给ECM。

⑷压力传感器：为压电式传感器，用以监测涡轮增压器的增压气体压力。

⑸加速踏板传感器：利用电位计取代机械式加油踏板连杆，将加油踏板的位置信号送给 ECM。

⑹操作面板：驾驶员及技术员可键入或取消车速值，并可对怠速做微小调整。

⑺制动、排气制动器、离合器开关：每一次制动、排气制动器或离合器作用时，开关将信号传送给 ECM。

⑻ ECM(Engine Control Module)：ECM 接收从各传感器及期望值发生器来的信号，以负荷及转速信号为其基本的参数，再配合其他的辅助信号，以控制齿杆执行器的作用。

⑼**齿杆执行器：利用电磁线圈使执行机构产生线性移动，使与执行器连接的齿杆也随之移动，以控制柴油喷射量，**如图 7.3 所示。当发动机熄火时，复位弹簧将齿杆

推至切断燃油位置；发动机起动后，ECM 控制电磁线圈的电流量越大时，执行机构越向左移，齿杆也越向左移动，使柴油喷射量增加，即柴油喷射量的多少，与电磁线圈的电流量成正比。

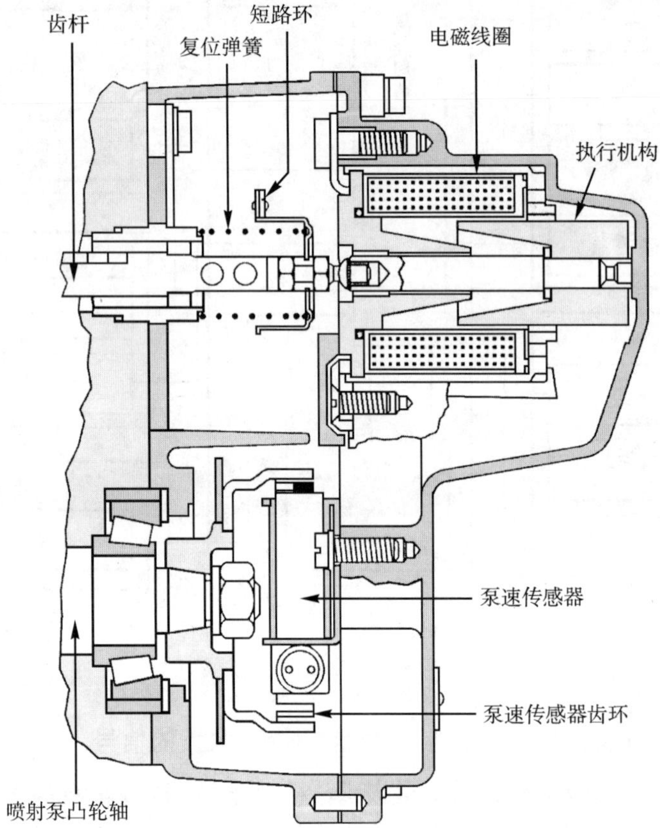

图 7.3　齿杆执行器的构造(Technical Instruction, BOSCH)

7.1.2　电子控制 VE 型燃油喷射泵系统

一、概 述

电子控制 VE 型燃油喷射泵系统(Electronically Controlled VE Fuel Injection Pumps System)，**是在传统式的 VE 喷射泵系统上加装各种传感器、控制套执行器及喷射开始正时控制电磁阀，省略了机械式调速器，使喷射泵的柴油喷射量控制更精确，且喷射正时的控制也更理想。**

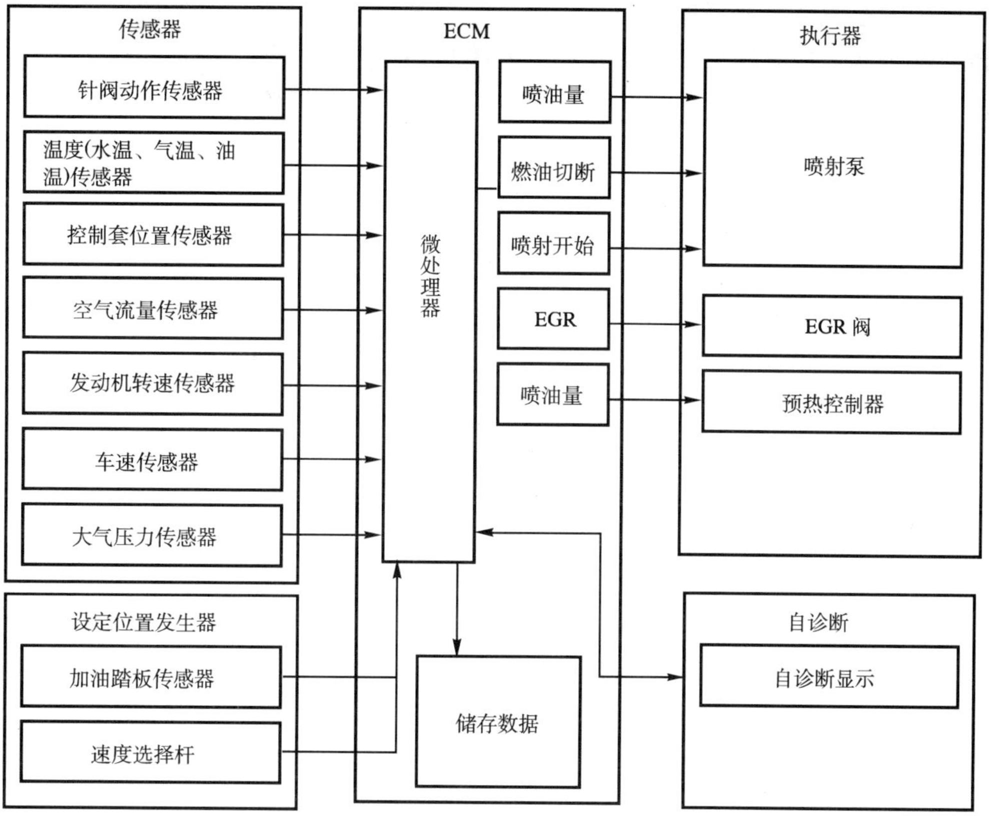

图 7.4 电子控制 VE 型燃油喷射泵系统的作用框图(Technical Instruction, BOSCH)

二、构造与作用

1.电子控制VE型燃油喷射泵系统的作用框图，如图 7.4 所示，整个系统由针阀动传感器(Needle Motion Sensor)、柴油温度传感器(Fuel Temperature Sensor)、控制套位置传感器(Sensor for Control Collar Position)、水温传感器、空气温度传感器、空气流量传感器、发动机转速传感器、车速传感器、大气压力传感器、加油踏板传感器等，及 ECM 与控制套执行器、正时控制电磁阀等所组成。

2.各零组件说明

(1)**针阀动传感器：传感器装在喷油嘴架上，由压力销的传导，以感知针阀的动作，并可监测喷射开始**，如图 7.5 所示。

(2)**控制套执行器：电磁旋转式执行器利用一只轴与控制套连接，**如图 7.6 所示，**改变控制套的位置，使柱塞断闭槽关闭或打开，以改变喷油量。**喷油量可在零与最大喷油量间无限变化，当 ECM 无电压送给电磁线圈时，执行器的复位弹簧使轴回至定位，故喷油量为零。

(3)喷射开始正时控制电磁阀：作用在喷射正时活塞侧的油压是由电磁阀调节，如

图 7.6 所示。**当电磁阀全开时，油压降低，喷射开始正时延迟；当电磁阀全闭时，油压升高，喷射开始正时提前**；其他时间电磁阀的 ON/OFF 比，由 ECM 依当时的信号做无限之变化。

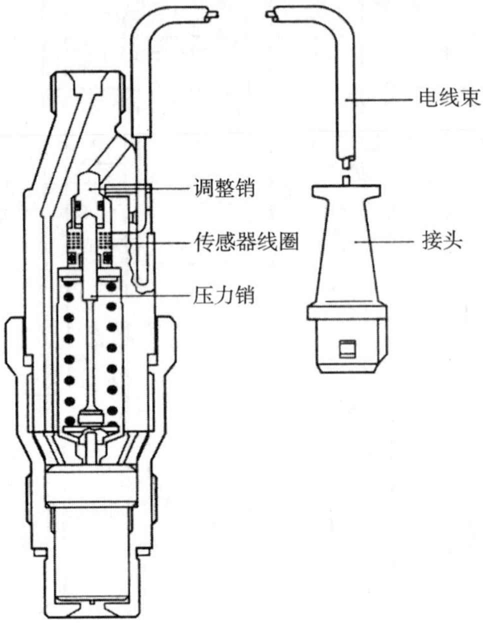

图 7.5　针阀动传感器的构造(Technical Instruction, BOSCH)

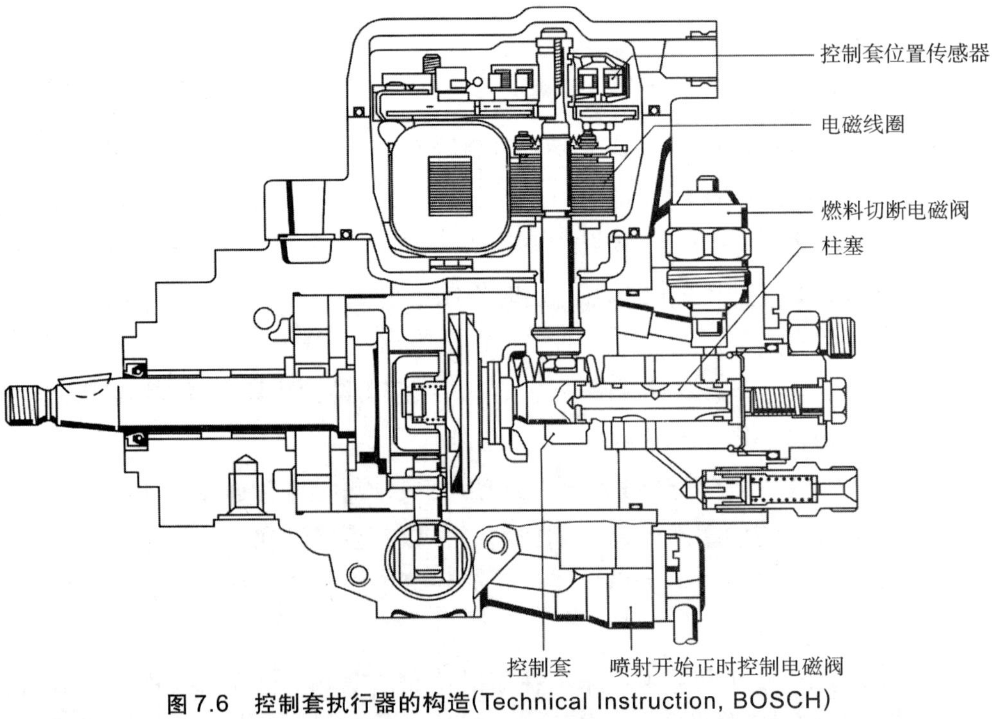

图 7.6　控制套执行器的构造(Technical Instruction, BOSCH)

7.1.3 电脑控制单体式泵柴油喷射系统

一、概述

电脑控制单体式泵柴油喷射系统(Electronically Controlled Unit Pump Diesel Injection System)，**其泵油与计量的动作，是在各泵内完成的，喷油器只负责喷油。**泵柱塞是由发动机凸轮轴驱动，各缸泵各自独立配置在发动机凸轮轴上方。

二、构造与作用

1.本系统系使用独立的泵(Pump)，装在汽缸体孔内，由发动机体内的凸轮轴驱动，凸轮轴同时驱动进气门及排气门，故一个汽缸有三个凸轮，如图 7.7 所示。

2.喷油器(Injector)装在汽缸盖的正中央，其外径小，很适合小汽缸内径的柴油发动机，因此适用于小型及中型柴油发动机。

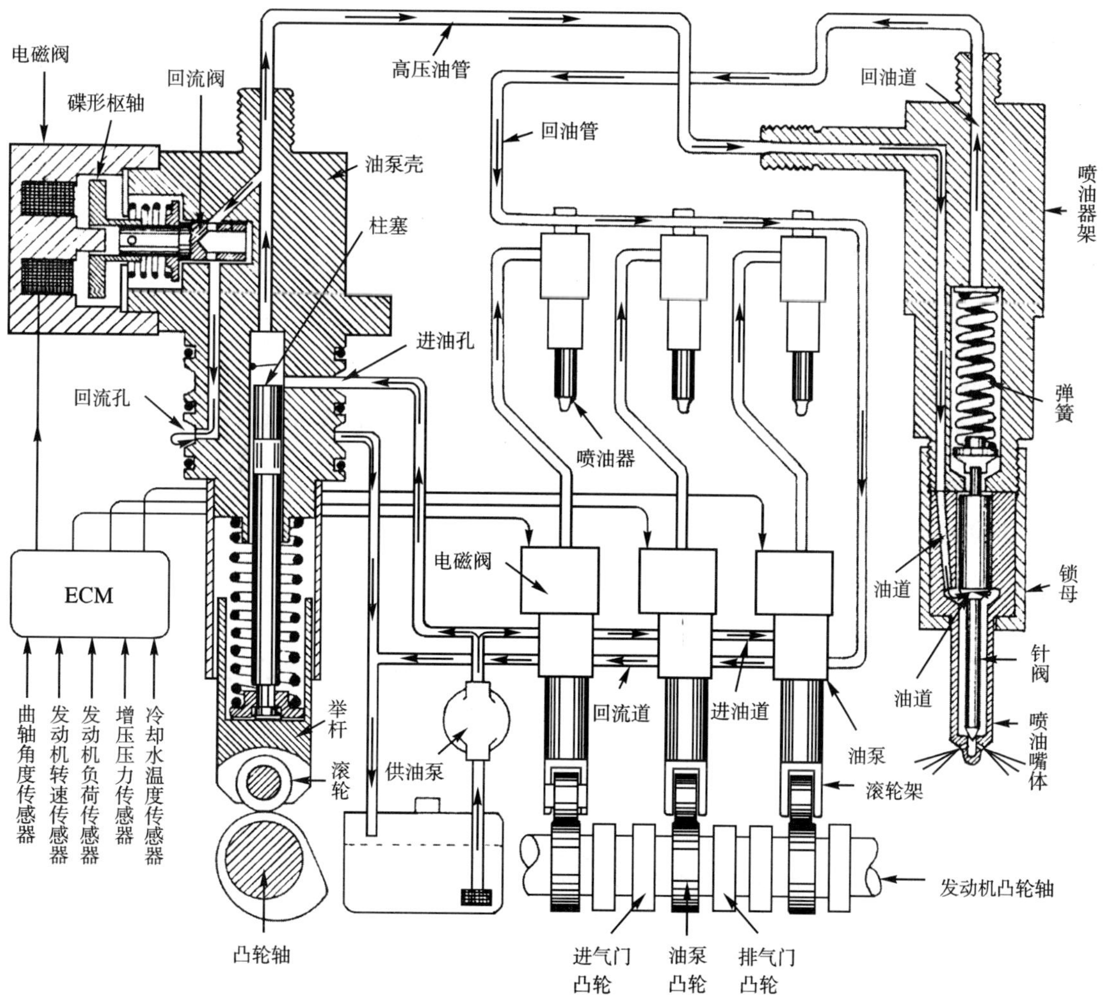

图 7.7 电脑控制单体式泵柴油喷射系统(VEHICLE AND ENGINE TECHNOLOGY, Heinz Heisler)

3.油泵与喷油器间以很短的高压钢管连接，因此即使柴油压力达 180MPa，柴油喷射正时及切断均能精确进行。不过，目前本系统的柴油喷射压力约达 160MPa，而最佳的直列式喷射泵系统，其最高压力也仅能达 110MPa。

4.油泵系由柱塞、柱塞筒、弹簧、推杆、滚轮、泵壳及装在上方的电磁操作回流阀(Solenoid-Operated Spill Valve)等所组成。回流阀即第 5、6 章常提到的电磁阀中的提升阀，两者的功能完全相同。

5.发动机控制模块(Engine Control Module，ECM)

⑴发动机控制模块俗称电脑，接收曲轴角度位置、加油踏板位置、发动机转速、进气管空气压力与温度及冷却水温度等信号，同时也接受曲轴与凸轮轴正时齿轮上正时标记的信号，与电脑内储存的数据比较后，进行最适当之控制，以获得低油耗、低污染、低噪声、发动机平滑作用及良好的驾驶性能。

⑵**电脑送出电压脉冲信号给油泵上的回流控制电磁线圈(Spill Control Solenoid)，使回流阀(Spill Valve)动作，以控制喷射正时及喷油量。**

6.油泵的作用

⑴进油作用：当柱塞在下止点时，回流阀在打开状态，燃油泵送出的柴油从汽缸盖内的进油道，经进油孔送入柱塞上方的压力室，直至柱塞上行将进油孔盖住，如图 7.7 所示。

⑵回流作用：当柱塞继续上行，被压之柴油从打开的回流阀，经回流孔及回流道流出。柱塞在上行过程中，只要回流阀打开，则回流作用持续进行。

⑶喷射作用

①当回流控制电磁线圈通电时，电磁吸力吸引碟型电枢，使回流阀关闭，在此瞬间，因柱塞继续上行，柱塞与喷油器间之柴油立刻变成高压，并克服喷油器弹簧弹力，从多孔喷油嘴喷入燃烧室。

②柱塞继续上行时，喷射持续作用，直至电磁线圈断电，回流阀打开时，喷射作用才结束。

③故**当回流阀关闭之瞬间，柴油喷射开始；回流阀打开之瞬间，喷射结束。**柴油之喷射开始与结束均由电脑控制电磁阀而精确动作。

⑷压力降低作用：当计量柴油喷射后，回流阀打开，使高泵油管内的柴油压力迅速降低，因此喷油器内针阀立刻关闭，喷射结束。

7.1.4 Bosch 电脑控制单体式泵系统

一、概述

Bosch电脑控制单体式泵系统(Unit Pump System，UPS)，依其设计特性而言，与整体式喷油器式很相似，两系统都采用由发动机凸轮轴上的凸轮，驱动各缸独立的泵(Pump)。

二、构造与作用

1.如图 7.8 所示，为 Bosch 单体式油泵系统的构造，由油泵、电磁阀、短高压油管、喷油嘴总成等所组成。电磁阀控制低压柴油的通断，以达到控制柴油的喷射正时与喷油量。

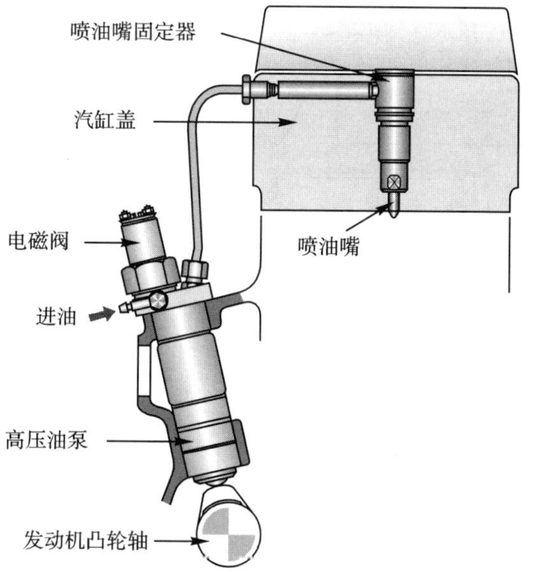

图 7.8　Bosch 单体式泵的组成(Technical Instruction, BOSCH)

2.本系统适用于不同安装需求的柴油发动机采用。

7.1.5　电脑控制共轨式柴油喷射系统

一、概述

1.电脑控制共轨式柴油喷射系统(Electronically Controlled Unit Injector Rail Diesel Injection System)，有一共轨(Common Rail)，又称共同油道，与汽油喷射系统各喷油器上方之燃油歧管(Fuel Rail)非常相似，只是**共轨内柴油油压可高达 135MPa(1376.5 kg/cm²)，为高压共轨式，**而汽油燃油歧管内油压仅约为0.25~0.35 MPa。

2.共轨式配合电脑控制，可精确控制喷射正时、喷油量及喷射率等，**由于各缸间的喷射误差几乎是零，因此从低速到最高转速的发动机各种性能可控制在最佳状态。**

二、构造与作用

1.构造

(1)共轨式柴油喷射系统基本上是由三部分组成

①高压油泵(High Pressure Pump)：如图7.9所示为双柱塞式，油泵电磁阀设在侧边。

②喷油器(Unit Injector)：由喷油器电磁阀总成、控制柱塞、控制弹簧及喷油嘴等组成。

③共轨：装在高压油泵与喷油器之间。

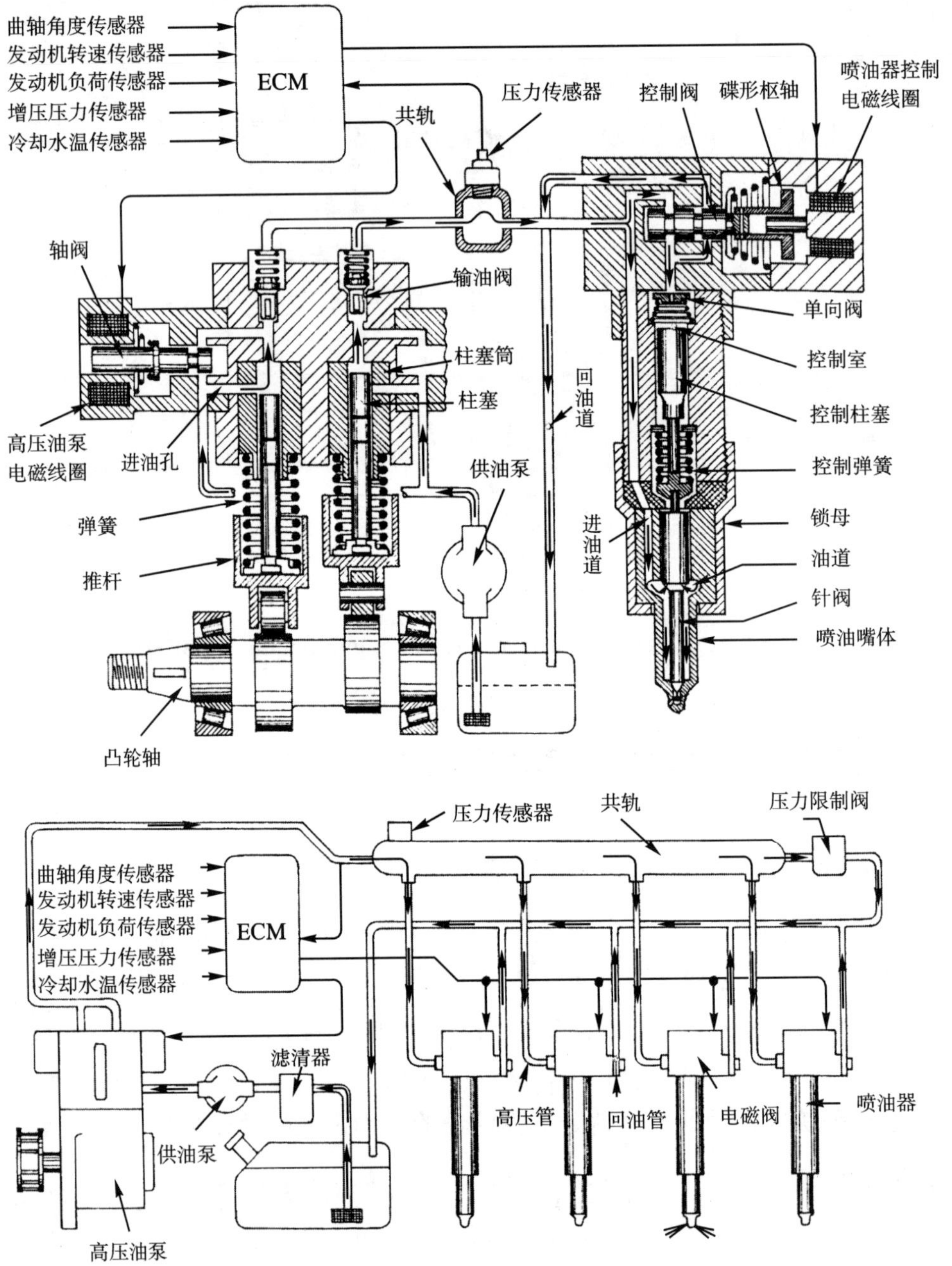

图7.9　电脑控制共轨式柴油喷射系统(VEHICLE AND ENGINE TECHNOLOGY, Heinz Heisler)

⑵高压油泵产生的高压柴油送至共轨，油压保持一定，最高压力可达 135MPa，油压系由压力传感器(Pressure Sensor)信号控制。

⑶**影响每一行程的喷油量有两项因素，一为一定压力的产生，另一为燃油持续喷油的时间**。共轨内一定压力的柴油可随时供应给喷油器，喷油量精确；而传统形式的喷射系统，在每一喷射行程都必须重复建立油压，但每一行程油压的高低，会受发动机转速快慢的影响，如此会造成喷油量之变化，而影响发动机性能。

⑷高压油泵的构造，采用辐射型柱塞的，适用于小型柴油车；而直列型柱塞的，则适用于大型柴油车。

⑸由喷油器控制电磁线圈(Injector Control Solenoid)的重复动作，可控制进行引燃喷射(Pilot Injection)、二次喷射(Second Injection)，甚至三次喷射(Third Injection)之作用。

2.高压油泵的作用

⑴燃油泵从油箱吸出柴油，经进油孔轮流送入柱塞上方，柱塞上行盖住进油孔后，即将高压柴油经出油阀送入共轨内，出油阀关闭时可切断油泵与共轨间的油路，以免柴油倒流。柱塞轮流作用以送出柴油。

⑵ ECM 由压力传感器的信号以控制共轨内柴油压力在一定值。当柴油压力超过规定时，ECM 送电给高压油泵电磁线圈，滑阀（轴向滑阀）打开，柴油流回泵进油侧，直至共轨内压力降至一定值为止。

⑶当油压超过预定的最大值时，压力限制阀（限压阀）(Pressure Limiter Valve)会打开，柴油流回油箱。

3.喷油器的作用

⑴静止状态：共轨内的高压柴油经垂直油道经常作用在喷油嘴内部，此时因ECM没有送电给喷油器控制电磁线圈(Injector Control Solenoid)，控制腔(Control Valve)在最左侧，故高压柴油也送入控制柱塞上方的控制腔(Control Chamber)，喷油嘴针阀上下端的压力相同，因此针阀在关闭状态。同时因控制阀在左侧，故回油道在切断状态。

⑵喷射开始：当 ECM 送电给喷油器控制电磁线圈，电磁吸力使控制阀向右移，关闭送往控制腔的高压油道，同时打开回油道，控制腔内高压柴油在此瞬间从回油道泄压，故喷油嘴针阀迅速上提，喷出雾化柴油。

⑶喷射结束

①当定量的柴油喷射后，ECM 停止送电给喷油器控制电磁线圈，控制阀迅速向左移，高压柴油进入控制腔，针阀上下端的压力相同，柴油停止喷射。

②在控制柱塞上方的单向阀，使高压柴油能迅速进入控制腔，而控制腔中柴油要

回流时必须经过中央量孔，如此可达到初期喷射压力的逐渐上升及喷射结束迅速切断。

7.1.6 三菱轻型柴油发动机新技术

一、概述

1.近年来，低排放污染、低噪声以符合环保需求，低油耗以符合经济需求等之要求与日俱增；同时在欧洲市场，轻型载货汽车发动机必须具备优异的高速性能(Superior High-Speed Performance)及低油耗，以提高货物配送速度及改善运输效率。

2.为符合上述的需求，日本三菱汽车公司(Mitsubishi Motors Corporation，MMC)在2001年2月，发表一款直列四缸、涡轮增压、进气冷却，适用于欧洲地区的4M42T新型发动机，装用在台湾销售很广，名为Canter(坚达)的轻型货车上。

二、研发目标

4M42T是由在欧洲被评价具高可靠性的4M40T柴油发动机为基础发展而来，其特别的研发目标有

1.排放污染

达到欧洲地区2001年Euro 3的排放标准，并在实际操作时无烟(Smokeless)排出。

2.输出性能

MMC目标为能达到轻型载货汽车发动机等级的最高功率与最高转矩输出。

3.省油性能

通过改良燃烧(如采用直接喷射系统、双凸轮轴四气门与中置式喷油器)及进、排气系统，MMC目标为能达到此发动机等级的最佳省油性能。

4.噪声

MMC目标为能达到1999年欧盟(European Union，EU)的噪声限制标准，并降低怠转噪声。

5.可靠性(Reliability)

MMC目标为在全部发动机运转寿命周间无故障(Fault-Free)，达到高品质及优异耐久性，且维修容易。

三、主要规格

1.与旧款4M40T比较，4M42T发动机行程较大，因此排气量也提高142mL，其主要规格，如表7.1所示，发动机性能曲线，如图7.10所示。

2.4M42T柴油发动机低转速就有极高转矩，且高转矩可持续至约3200(r/min)，但其最大输出(Output)仅92kW，虽然是在较低转速3200(r/min)就可达到，可是92kW的功率约仅1.8L汽油发动机的输出，看起来实在是不怎么样。不过，如果再看看表7.2

所示，顺益与裕隆汽车公司在台湾所销售的Mitsubishi Canter(坚达)柴油车与Nissan Cabstar(劲勇)柴油车的规格，你会发现三菱4M42T柴油发动机的性能，比起同等级上述两款台湾销售的车型，实在是高太多了。同时请特别注意表7-2中，最大功率与最大转矩是以Gross标示，Gross值为一总数，若以Net标示，则该Gross值约须再降低5%～7%，如果是这样的话，Canter与Cabstar的性能与4M42T柴油发动机的差距就更大了。

表7.1 4M42T柴油发动机规格(www.mitsubishi-motors.co.jp)

发动机型号	4M42T
喷射方式	直接喷射式，四冲程
缸数	4
排气量 (mL)	2977
缸径×行程 (mm)	φ95×105
最大功率 kW/(r/min)	92/3,200
最大转矩 N·m/(rmin)	294/1,800
压缩比	18.5
燃烧室	再进入式(Re-Entrant Type)
气门机构	每缸四气门，DOHC，正时链条型
喷射系统	高压分配式喷射泵(Bosch VP44)
进气方式	进气冷却式涡轮增压器

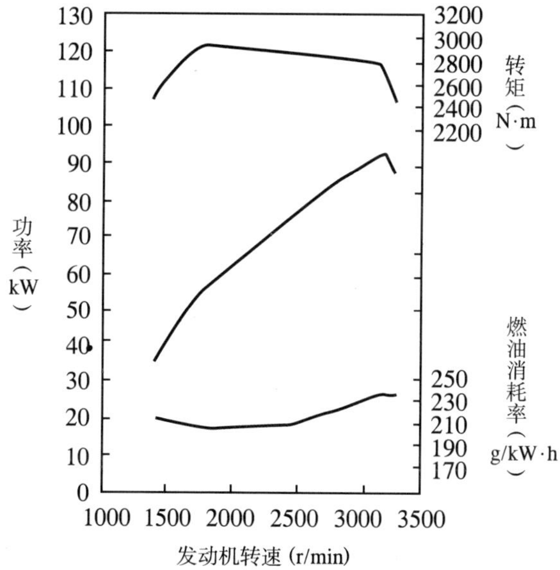

图7.10 4M42T柴油发动机性能曲线(www.mitsubishi-motors.co.jp)

表 7.2　在台湾销售 Canter 与 Cabstar 柴油发动机的规格

车型	Canter	Cabstar
发动机型号	4M40-2AT	
缸数	4	4
排气量　(mL)	2835	3153
最大功率　kW/(r/min)	81/3700 (SAE Gross)	81/3600 (JIS Gross)
最大转矩　(N·m)	222/2000 (SAE Gross)	225/2000 (JIS Gross)
压缩比	20：1	21：1
进气方式	进气冷却式涡轮增压器	进气冷却式涡轮增压器

四、技术特点

1.性能与排放污染

⑴能使 4M42T 发动机成为该等级发动机中，最干净且又具有最高性能之因素，部分为采用直接喷射系统、四气门 DOHC、冷却式 EGR 系统、电脑控制高压分配式喷射泵及其他先进技术，另一方面则为能够精确调节各零组件间的作用。4M42T发动机的高速燃油效率(High-Speed Fuel Efficiency)比 4M40T 高 25%，如图 7.11 所示。

⑵欧、日排放标准的比较，如图 7.12 所示，Euro 3 的标准可与日本长期规则(Japan's Long-Term Regulations)标准在NO_x方面比较，两者大约相同；但可以看出，在PM方面，Euro 3 的标准显然比日本长期规则标准严格许多，大约只有日本标准的 1/2。

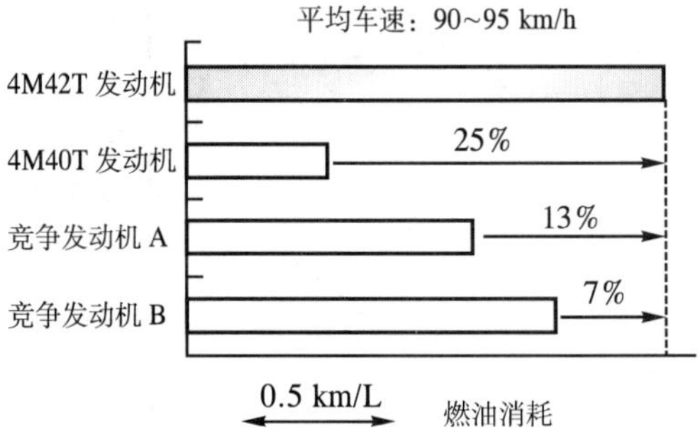

图 7.11　4M42T 柴油发动机的高速省油性(www.mitsubishi-motors.co.jp)

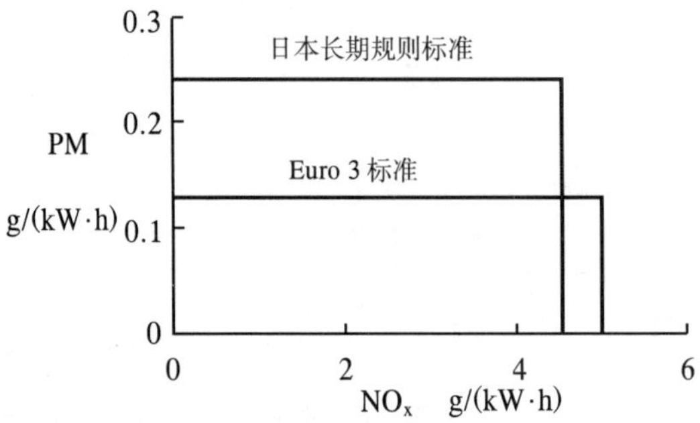

图 7.12　欧、日排气标准比较(www.mitsubishi-motors.co.jp)

⑶燃油喷射系统

①燃油喷射系统采用电脑控制高压分配式喷射泵(Bosch VP44 型)，喷射压力达 140 MPa，配合极小喷油孔，柴油喷射可达到极佳的雾化效果，促进良好混合，使黑烟(Black Smoke)排出减至最少；再加上冷却式EGR系统，在使NO_x排出降至最低的同时，也能抑制黑烟的产生。

②如汽油喷射发动机一样，设置自诊断系统也具备失效安全(故障安全)(Fail-Safe)功能，及必要时可切换至备用模式(Backup Mode)。

⑷进气与排气系统：MMC利用水冷式EGR系统，如图 7.13 所示，为水冷式EGR系统的构造，可同步减少NO_x与油耗。废气在回流进入进气系统前被冷却，使EGR回流率最大化，因而抑制 PM 的产生；且柴油喷射提前控制，可充分改善油耗，而且不必安装氧化型催化转化器，如图 7.14 所示。

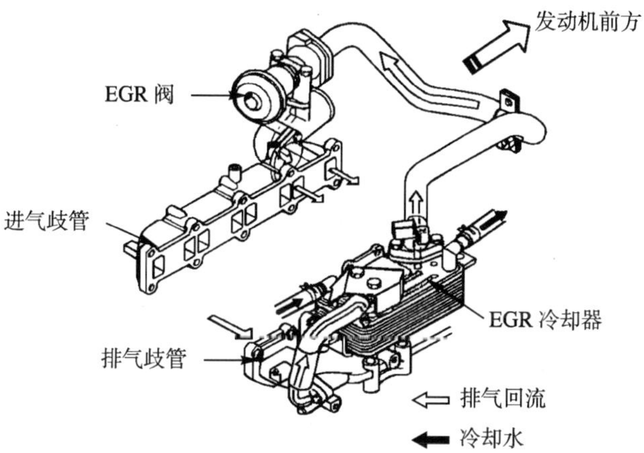

图 7.13　水冷式 EGR 系统的构造(www.mitsubishi-motors.co.jp)

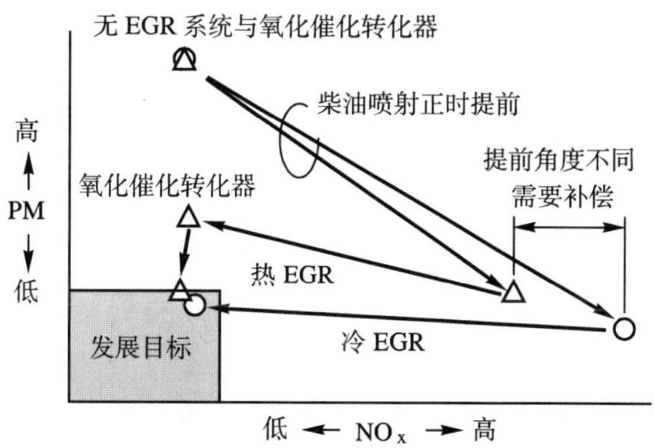

图 7.14　水冷式 EGR 系统的效果(www.mitsubishi-motors.co.jp)

⑸气门系统：如图 7.15 所示，每缸有两进气门、两排气门，由端轴式(End-Pivot

Type)滚柱型摇臂驱动；缸径尽可能扩大，以允许进、排气门直径分别达30 mm与28 mm；并通过最适当的气门正时，使进气量最大化；另气门弹簧为椭圆形断面及不等螺距，以抑制气门在高转速时的波动(Surging)现象。

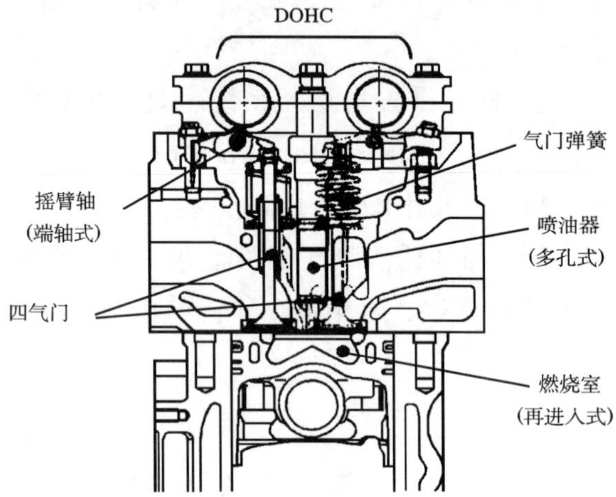

图7.15 4M42T发动机气门系统的构造(www.mitsubishi-motors.co.jp)

2.噪声降低

⑴最高运转速度降低：最高运转速度比旧款低 20%，故燃烧噪声与机械噪声降低，且省油与可靠度提高。

⑵机械的安静性

①为使机械噪声最小化，喷射泵齿轮辅以背隙消除式齿轮，如图7.16所示，以在所有转速时，使齿轮啮合噪声最小化。并采用单体梯形车架式(One-Piece Ladder-Frame Type)主轴承盖，以降低噪声、振动及方便组合。

②其他的特色包括偏置(Offset)式活塞销、抗振螺钉，以及在正时齿轮盖与其他各种盖上加强肋状物(Ribs)，以抑制噪声。

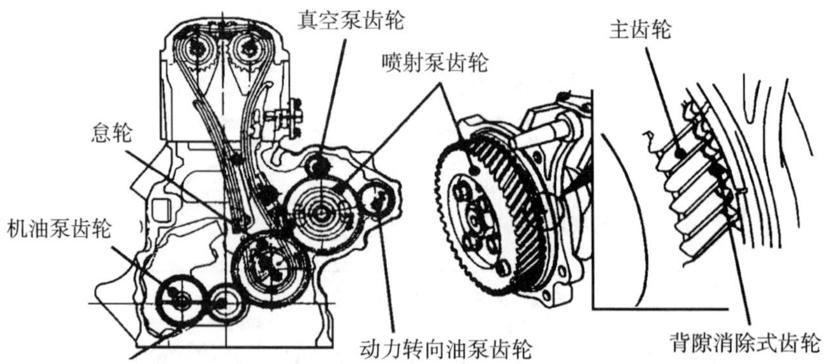

图7.16 背隙消除式齿轮的位置(www.mitsubishi-motors.co.jp)

3.冷起动性

电脑控制柴油喷射系统，在低温起动时，可适时控制喷射正时与喷油量，以提高冷车起动性能，及减少起动后排出白烟(White Smoke)。

4.可靠性

为使活塞销能承受提高的汽缸压力，利用加大活塞销尺寸，以使表面压力及变形最小化。汽缸盖以铝合金制成，及活塞用特殊铝合金制成，内设冷却油道，使活塞轻量化，并经应力分析以确定其可靠性。

课后测评

一、是非题（是打√、非打X）

(　)1.电脑控制PE型直列式喷射泵系统，装在喷射泵上的齿条行程传感器，是用以送出齿杆所在位置之信号。

(　)2.电脑控制PE型直列式喷射泵系统，其泵速传感器是装在发动机凸轮轴旁。

(　)3.电脑控制 PE 型直列式喷射泵系统，其齿杆执行器电磁线圈的电流量越大时，柴油的喷射量越少。

(　)4.电脑控制VE型分配式喷射泵系统，其喷油量及起动喷射正时是由电脑控制。

(　)5.直列式喷射泵系统的最高喷射压力可达160MPa。

(　)6.电脑控制单体式泵喷射系统，当其回流阀关闭时，柴油开始喷射。

(　)7.三菱4M42T柴油发动机喷射系统，具备自诊断、故障安全、备用模式等功能。

(　)8.三菱4M42T柴油发动机，从降低最高运转速度与机械安静性两方面入手，以降低噪声。

二、选择题

(　)1.电脑控制 PE 型直列式喷射泵系统，以齿杆执行器取代原有的 (A)正时器 (B)调速器 (C)燃油泵 (D)柱塞与柱塞筒。

(　)2.电脑控制 VE 型分配式喷射泵系统，以控制套执行器取代原有的 (A)正时器 (B)调速器 (C)喷射泵凸轮轴 (D)柱塞与柱塞筒。

(　)3.电脑控制 VE 型分配式喷射泵系统，可监测喷射开始的是 (A)控制套位置传感器 (B)柴油温度传感器 (C)空气流量传感器 (D)针阀动作传感器。

(　)4.电脑控制单体式泵喷射系统，在油泵内可完成 (A)泵油 (B)压油、计量、喷油 (C)喷油 (D)泵油、计量。

(　)5.电脑控制单体式泵喷射系统，其喷射压力可达 (A)110 (B)135 (C)160 (D)200　MPa。

(　)6.三菱 4M42T 柴油发动机采用的高压分配式喷射泵，其喷射压力可达 (A)140 MPa (B)200 MPa (C)160 MPa (D)180 MPa。

(　)7.三菱4M42T柴油发动机采用水冷式EGR系统，可同步减低 (A)CO、NO_x (B)CO、HC、NO_x (C)CO、油耗 (D)NO_x、PM、油耗。

(　)8.对三菱 4M42T 柴油发动机而言，以下哪项设计无减低噪声的效果？ (A)背隙消除式齿轮 (B)单体梯形车架式主轴承盖 (C)加大进气门直径 (D)

降低发动机最高转速。

三、问答题

1. 试述电脑控制 PE 型喷射泵系统 ECM 的作用。

2. 试述电脑控制 PE 型喷射泵系统齿杆执行器的作用。

3. 试述电脑控制 VE 型分配式喷射泵系统控制套执行器的作用。

4. 试述电脑控制单体式泵喷射系统的喷射作用。

5. 与共轨式喷射系统相比，其他喷射系统的缺点是什么？

6. 能使三菱 4M42T 柴油发动机成为最干净又具有最高性能的因素是什么？

参考文献

1. 三阳汽车公司修护手册。
2. 自动车工学。
3. 电子控制汽油喷射装置　黄靖雄、赖瑞海。
4. 汽车学Ⅳ(柴油引擎篇)　赖瑞海。
5. 汽车购买指南　2003年11月号。
6. Audi车系说明书。
7. Scania运输专家期刊。
8. Advanced Automotive Emissions Systems　Rick Escalambre
9. Automotive Computer Systems　Don Knowles
10. Auto Electricity, Electronics, Computers　JAMES E. DUFFY
11. Automotive Engineering　SAE(2002年2月)
12. AUTOMOTIVE MECHANICS　Crouse、Anglin
13. Medium/Heavy Duty Truck Engines, Fuel & Computerized Management Sean Bennett
14. Technical Instruction　BOSCH
15. Training Manual　DENSO
16. VEHICLE AND ENGINE TECHNOLOGY　Heinz Heisler
17. www.artc.org.tw
18. www.isuzu.co.jp
19. www.mitsubishi-motors.co.jp